KB054240

슬기로운 유학생의
한국어 말하기

— 대학수업 편 —

『슬기로운 유학생의 한국어 말하기』를 펼치며

배운 대로 말할 수 있는가? 대부분의 수업에서 교사와 학생은 이 사실을 믿는 것처럼 보인다. 그러나 언어 사용 현실에서는 불행히도 배운 대로 말할 수 없다. 앵무새를 두고 유능하다고 하는 이는 없다. 살면서 말할 상황은 수천수만 가지이므로, 각 상황에 가장 적절한 말을 스스로 만들어 낼 수 있는 이를 우리는 유능한 화자라고 한다.

한국어 교사는 학습자들이 노력하고 있다고 믿는다. 학습자 요구에 맞고 교육적으로 가치로운 내용을 제공할 때 학습자들은 성실하게 배울 것이라 여긴다. 그러하다면 학습자를 신뢰하는 한국어 교실은 학습자가 시간 가는 줄 모르고 참여하는 모습이어야 하지 않은가? 학습자가 몰입하게 하려면 학습자가 생각하고 참여할 거리를 충분히 제공해야 한다. 더욱이 한국어 말하기 교실이라면 더 말하여 무엇하랴.

한국에 온 유학생을 25년간 지켜보면서, 유학생들이 성공적인 유학 생활을 마칠 수 있도록 하려면 무엇이 필요한지 많이 생각하였다. 그 결과로 필자들은 세 가지를 되새겼다. 첫째, 학부 유학생들 대상 말하기 수업에서 활용될 내용은 대학 수학에 기여하는 것이어야 한다. 이것이 어학 훈련 과정의 말하기 수업과는 다른 점이다. 둘째, 다른 문화권에서 초 · 중등교육을 받아온 유학생들이 한국의 고등교육기관에서 공부하는 데 정보가 많이 필요하다. 학부생을 대상으로 한 말하기 수업에서는 이러한 귀한 정보를 자료로 삼아야 한다. 셋째, 표현 의지를 가진 학습자라면 우선 자발적으로 발화해 볼 수 있고 교사와 교재는 이러한 학습자를 돕는 구조여야 한다. 배운 대로 말하게 하는 연습이 아니라, 배우고 적용하며 배운 것을 운용할 수 있는 학습자가 되는 것이 필요하다.

현재까지 출간된 말하기 교재는 많다. 유학생 대상임을 밝힌 교재도 많다. 그러나 학부 유학생의 기초 교양과목으로서의 말하기 수업에 특화된 교재는 많지 않다. 이 책은 제목에서 밝힌 바 그대로, 범용 일상생활을 주제나 소재로 삼지 않고 철저하게 대학 생활과 대학에서의 수업을 주요 장면으로 삼았다. 그리하여 대학 생활의 여러 영역을 다룬 '대학생활 편'과, 대학 수업 영역을 집중적으로 살핀 '대학수업 편'으로 나누어 편찬하였다. '대학생활 편'은 대학 입학 기준인 3급의 학습자가 대학 캠퍼스와 강의실에 익숙하도록 하는 데 집중하여 저술하였다. '대학수업 편'은 평균 4급의 학습자가 전공 진입 전 단계에서 학업 수행에 필요한 기초를 충실히 배워 나갈 수 있게 하는 데 초점을 맞추었다.

우리는 우리의 학생들이 대학의 교양과목과 전공과목을 훌륭하게 이수하는 유학생이 되기를 바란다. 말 그대로 '학업(學業)'을 충실히 수행하려는 슬기로운 유학생들을 기대한다. 외국어 말하기란 학업을 수행하는 도구 교과의 하나이지만, 한국어 말하기가 유학생의 학업 수행에서 열쇠가 되어준다면 그 얼마나 가치로운 도구인가? 이 책이 곧 묵직한 그 열쇠 꾸러미가 될 것이라 믿는 바이다.

2021년 새해에 새로운 바람을 담아,
대학수업 편 저자를 대표하여 이미향

일러두기

이 책은 슬기로운 유학생을 위한 한국어 말하기 교재 중 '대학수업 편'입니다. 학부 유학생들이 한국 대학 수업에 필요한 주제, 기능, 표현들을 함께 학습할 수 있도록 이 책을 구성하였습니다. 그리고 대학 강의를 듣고 강의에 수반되는 활동을 하도록 실제적 과제들을 제공하였습니다. '대학수업 편'은 평균 4급의 학습자가 전공 진입 전 단계에서 학업에 필요한 내용을 배우는 과정인 만큼, 이 책과 함께 편찬된 '대학생활 편'보다 조금 더 높은 수준의 표현과 내용으로 구성되어 있습니다.

이 교재는 중급 한국어 학습자의 실력을 최대한 활용하고자 TBLT(Task-based Language Teaching)에 근거하여 TTT(Task – Teach - Task) 수업을 할 수 있도록 편성되었습니다. 그리고 이 교재의 과제는 학습자의 요구와 수준, 의사소통적 중요도에 따라 선택할 수 있도록 모듈식으로 구성되었습니다. 따라서 수업에 허락된 시수에 따라 과제 1(기본 활동)과 과제 2(심화 활동)를 적절히 선택할 수 있습니다.

이 책은 모두 여덟 과로 구성되어 있으며 이 책의 단원은 '단원명–생각거리–들어가기–배우기–과제–유학생활의 단비–정리와 자기 점검' 순으로 되어 있습니다. 단원의 각 부분은 다음과 같이 활용할 수 있습니다.

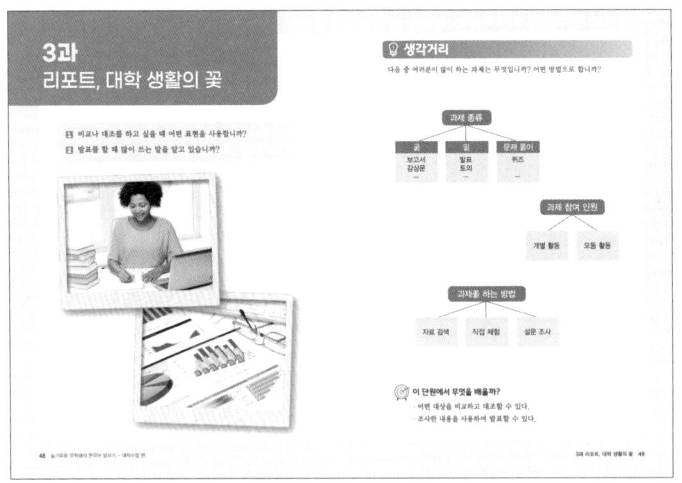

도입

- 주제와 관련된 질문을 할 수 있습니다.
- 사진을 통해 학습자들과 학습할 내용을 이야기할 수 있습니다.
- '생각거리'에서는 각 단원의 말하기 학습 내용을 유추해 볼 수 있습니다.
- 학습 목표를 확인합니다.

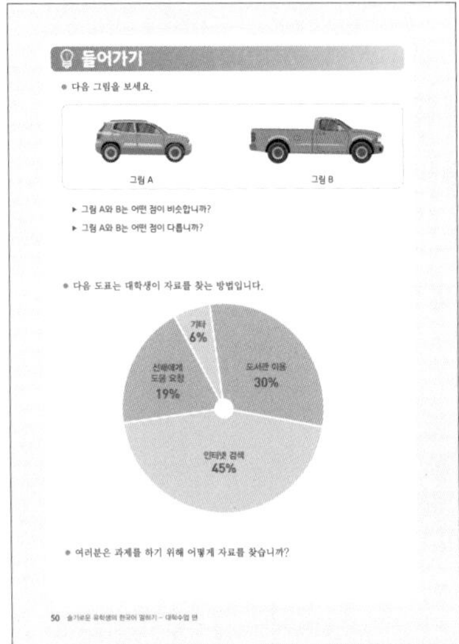

들어가기

- 주제와 관련된 어휘를 배울 수 있습니다.
- 배경 지식을 활용하여 배울 내용에 대해 생각해 봅니다.
- 이 단원에서 배울 표현들을 왜 배워야 하는지 생각해 봅니다.

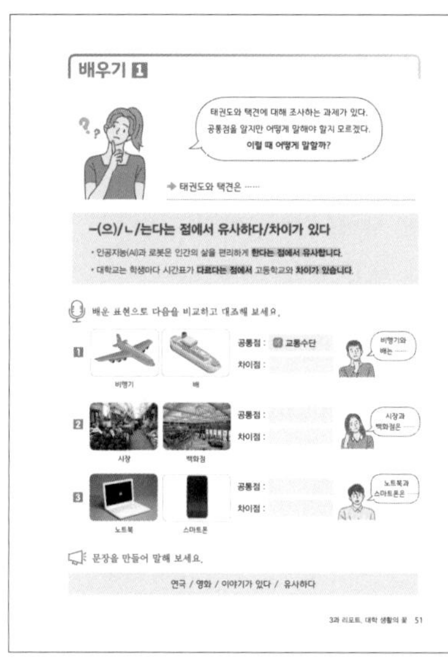

배우기

- 주제와 관련된 문법과 표현 세 가지를 TTT(Task – Teach- Task) 방식으로 학습합니다.
- 배울 표현이 필요한 상황을 떠올리고 스스로 문장을 만들어 보게 합니다.
- 배우기 전에 자신이 만든 문장과 정확한 문장의 공통점과 차이점을 알 수 있습니다.
- 학습한 표현으로 대화를 하며 연습합니다.

※ 쓰기에 초점을 두지 않도록 주의하십시오.

과제 1~2

- 이 교재는 TBLT(Task–based Language Teaching)에 근거하여 구성되었습니다.
- 배운 표현을 사용하여 대학 강의에 수반되는 활동을 해 볼 수 있습니다.
- '과제 1'은 특정 상황에서 관련 주제로 대화하는 기본 담화로, '과제 2'는 발표, 인터뷰 등 확장된 상황의 담화로 구성되어 있습니다.
- '과제 1'과 '과제 2'로 구분되어 학습자의 수준과 상황에 따라 이를 선택하여 사용할 수 있습니다.
- 각 과제는 '①, ②, ③, ④'로 나누어 '설계 → 수행' 단계로 진행할 수 있습니다.
- 과제 1과 2는 학습자의 요구와 수준, 수업 시간에 따라 선택할 수 있습니다. 그 경우, 상대적으로 기본 담화인 대화해 보기는 과제 1로 배치하고, 발표 · 인터뷰 · 토의 등의 담화는 심화 활동으로 구성하여 과제 2로 배치하였습니다.

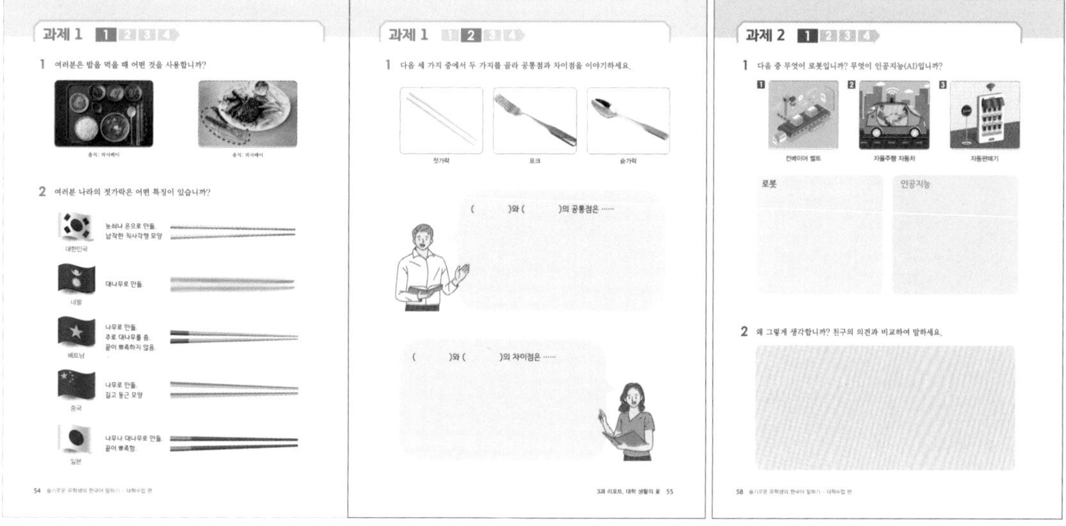

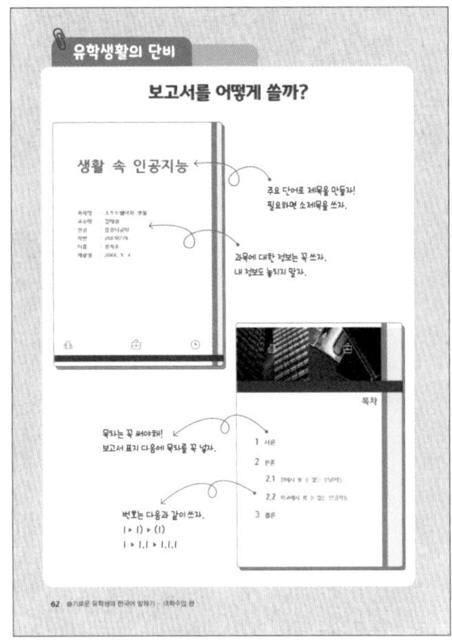

▌유학 생활의 단비

- 슬기롭게 대학 강의를 듣고 유학 생활을 하는 데 도움이 될 수 있는 내용이 제공됩니다.
- 단원의 주제, 과제와 관련된 내용으로 구성됩니다.
- 언어문화 관련 팁을 적절히 활용할 수 있습니다.
- 관련 내용으로 학습자 문화권에서는 어떻게 말하는지, 비교문화적 관점에서 접근하면 좋습니다.

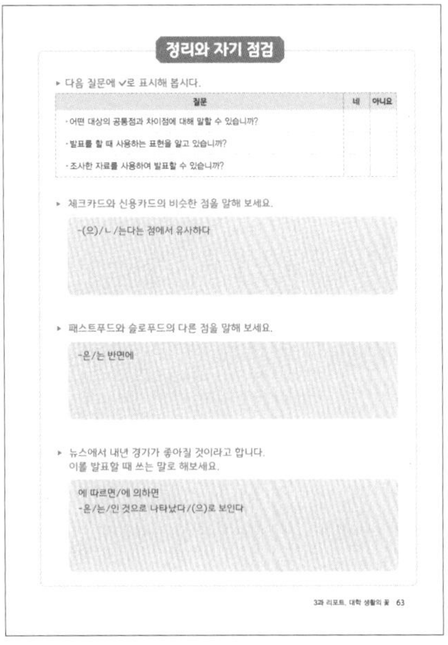

정리와 자기 점검

▸ 다음 질문에 ✓로 표시해 봅시다.

질문	네	아니요
· 어떤 대상의 공통점과 차이점에 대해 말할 수 있습니까?		
· 발표를 할 때 사용하는 표현을 알고 있습니까?		
· 조사한 자료를 사용하여 발표할 수 있습니까?		

▸ 체크카드와 신용카드의 비슷한 점을 말해 보세요.

-(으)/ㄴ/는다는 점에서 유사하다

▸ 패스트푸드와 슬로푸드의 다른 점을 말해 보세요.

-은/는 반면에

▸ 뉴스에서 내년 경기가 좋아질 것이라고 합니다.
이를 발표할 때 쓰는 말로 해보세요.

에 따르면/에 의하면
-은/는/인 것으로 나타났다/(으)로 보인다

3과 리포트, 대학 생활의 꽃 63

▌정리와 자기 점검

- 이 단원에서 배운 표현들을 스스로 정리하고 점검합니다.
- 질문에 맞게 직접 말하면서 배운 표현들을 기억합니다.

목차

단원 구성

학습 내용 / 단원명	주제	과제 1
1과 이번 학기 나의 수업	수강 신청	수강 신청한 과목에 대해 대화하기
2과 스마트 캠퍼스	온라인 대학 생활	물건을 잘 챙기는 방법에 대해 발표하기
3과 리포트, 대학 생활의 꽃	리포트	두 대상의 공통점과 차이점에 대해 대화하기
4과 최선의 방법	모둠 활동	토의의 주제를 결정하는 대화하기
5과 하루는 누구에게나 24시간	대학생의 시간 관리	자신이 시간을 어떻게 활용하는지에 대해 대화하기
6과 공부에는 왕도가 없다	학업	학업 관련 고민에 대해 대화하기
7과 만점 받는 시험 준비	대학교의 시험	시험 관련 문제를 해결하는 방법에 대해 발표하기
8과 나의 적성	진로 설계	후회하는 일에 대해 대화하기

과제 2	문법과 표현	유학 생활의 단비
자신의 수업 태도에 대해 발표하기	• –지(요)? • –는지 알다 • –지 말고 –아/어	• 시간표 짜는 꿀팁 • 교수님께 메일 보내는 방법
LMS 사용 방법 소개하기	• –아/어도 될까(요)? • (이)란 • –고 나다	• 대학생활의 필수 애플리케이션
로봇과 인공지능에 대해 발표하기	• –(으)ㄴ/는다는 점에서 유사하다(차이가 있다) • –(으)ㄴ/는 반면에 • 에 따르면(의하면) –(으)ㄴ/는/인 것으로 나타나다	• 보고서 쓰는 방법
행사 홍보 방법에 대해 토의하기	• –(으)ㄹ 테니 –는 게 어때(요)? • –(으)ㄴ/는/(으)ㄹ 것 같은데(요) • –다고 생각하다	• 토의할 때 쓰는 표현
자신의 시간 관리 방법에 대해 명언을 활용하여 발표하기	• (아무리) –아/어도 • –는 바람에 –아/어 버리다 • –는 대신에 –도록 하다	• 시간 관리 전략
좋은 성적을 받은 선배를 인터뷰하기	• –다가 • –았/었더니 • –다(가) 보면	• 학습 유형 검사
시험 준비 방법에 대해 발표하기	• 이/가 아니라 • –(으)면 –(으)ㄹ수록 • –더라	• 시험 전략
면접 상황에서 자신의 강점과 가치관 말하기	• –(으)ㄹ 걸 그랬다 • –(으)ㄴ/는 탓에 • (아무리) –(으)ㄹ지라도	• 면접 전략

1과
이번 학기 나의 수업

주제 수강 신청

문법과 표현 –지(요)?
–는지 알다
–지 말고 –아/어

과제 수강 신청한 과목에 대해 대화하기
자신의 수업 태도에 대해 발표하기

1과
이번 학기 나의 수업

1 오늘은 수업의 첫날입니다. 수업에 대해 궁금한 것이 있습니까?

2 수업을 잘 듣기 위해 교실에서 어떻게 행동해야 합니까?

3 여러분 나라에서 좋은 학생은 어떤 학생입니까?

생각거리

여러분은 수업 시간에 어떤 학생입니까? ✓로 표시해 봅시다.

질문	네	아니요
1. 수업에 늦지 않게 온다.		
2. 수업 시간에 졸리면 잔다.		
3. 수업 시간에 간식을 먹는다.		
4. 수업 시간에 질문을 잘한다.		
5. 수업 시간에 교재를 꼭 챙긴다.		
6. 수업 시간에 앞자리에 앉는다.		
7. 수업 시간에 문자 메시지를 확인한다.		
8. 수업 시간에 중요한 내용을 메모한다.		
9. 수업 시간에 휴대전화로 게임을 한다.		
10. 수업 시간에 다른 사람의 발표를 잘 듣는다.		

이 단원에서 무엇을 배울까?

- 수업과 관련된 정보를 묻고 답할 수 있다.
- 수업 중에 하면 안 되는 행동에 대해 이야기할 수 있다.

들어가기

● 다음은 수업계획서입니다. 수업계획서에서 무엇을 알 수 있습니까?

과목명	실용한국어회화
학점(시간)	3(4)
이수구분	교양필수
수강번호	3769
강의시간	월 12:00–13:15 목 13:30–14:45
강의실	A02–B117
담당교수	김한국

목명	프로그래밍언어(1)
간)	3(4)
	전공필수
	1750
	11:00–14:50

주별 계획

주차	학습 목표 및 목차	주교재 및 참고자료	기타
1	대학 수업을 위한 한국어 말하기에 대해 알아보기(OT) 수업에 대한 전반적인 내용을 이해할 수 있다.	주교재, ppt	
2	1과 이번 학기 나의 수업 수업과 관련된 정보를 묻고 답할 수 있다. 수업 중에 하면 안 되는 행동에 대해 이야기할 수 있다. – 질문하고 답하기/금지하고 충고하기 – 과제 1	주교재, ppt	
	(중간 생략)		
8	중간 시험		퀴즈 1
9	5과 하루는 누구에게나 24시간 자신의 시간 관리의 문제점을 찾고, 그 이유를 말할 수 있다. 일의 중요도와 선후를 판단하여 해결 방법을 제안할 수 있다. – 조정하기/문제점 찾고 해결하기 – 과제 1	주교재, ppt	
	(중간 생략)		
14	8과 나의 적성 진로를 설계하고 실현하는 방법에 대하여 말할 수 있다. – 과제 1 – 과제 2	주교재, ppt	
15	기말 시험		퀴즈 2

● 한 학기에 시험을 몇 번 봅니까?

● 친구가 8주차에 여행을 가자고 합니다. 어떻게 해야 합니까?

배우기 1

수강 신청을 내일까지 하는 게 맞을까?
친구에게 물어봐야겠다.
이럴 때 어떻게 말할까?

➡ 수강 신청을 ……

–지(요)/죠?

- 가 : 어제 한국 문화 특강이 **열렸지요**?
  나 : 네, 맞아요.

가 : 과제는 다음 **주까지지**?
나 : 아니, 오늘까지야.

 배운 표현으로 대화를 만들어 보세요.

10월

	일	월	화	수	목	금	토
		1	2	3	4	5	6
오늘 →	7	한국어 듣기 시험 ⑧	9	10	한국어 말하기 시험 11	12	13
	14	15	16	17	18	특강 19	20
	21	22	과제 마감 23	24	25	26	27
	28	29	30				

1
목요일, 듣기 시험 보다
2
특강…… 금요일?

문장을 만들어 말해 보세요.

가: 다음주 월요일 / 개강?　나: 다음주 수요일

배우기 2

강의실 위치를 몰라서
친구에게 물어보고 싶다.
이럴 때 어떻게 말할까?

➡ 강의실이 ……

–는지 알다

- 가 : 지금 몇 쪽 **보는지 알아요**?
  나 : 17쪽 보고 있어요.
- 가 : 선생님께서 뭐라고 하셨어?
  나 : 뭐라고 **말씀하셨는지** 나도 모르겠어.

이렇게도 말해요.

- **–ㄴ지 아세요?**
  강의실이 어디인지 아세요?
  혹시 교재가 뭔지 아세요?

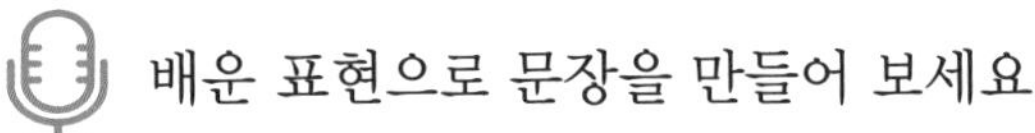

배운 표현으로 문장을 만들어 보세요.

1

교수님 연구실,
어디에……?

3호관 5층

2

도서관에서 책을
몇 권 빌리다……?

한 사람, 세 권

3

결석 몇 번, F학점?

결석 세 번, F학점

문장을 만들어 말해 보세요.

1학년 / 대표 / 누구?

배우기 3

내 친구는 수업 시간마다 게임을 한다.
친구가 게임을 안 하면 좋겠다.
이럴 때 친구에게 어떻게 말하면 좋을까?

➡ 게임을 ……

–지 말고 –아/어

- 가 : 급한 일 때문에 수업에 못 가는데 나중에 말씀드려도 되겠지?
  나 : **그러지 말고** 미리 **말씀드려**.
- 가 : 이번에 시험 공부를 하나도 못했어. 어떡하지?
  나 : **걱정하지 말고** 한 과목씩 **공부해 봐**. 잘할 수 있을거야.

배운 표현으로 다음을 비교하고 대조해 보세요.

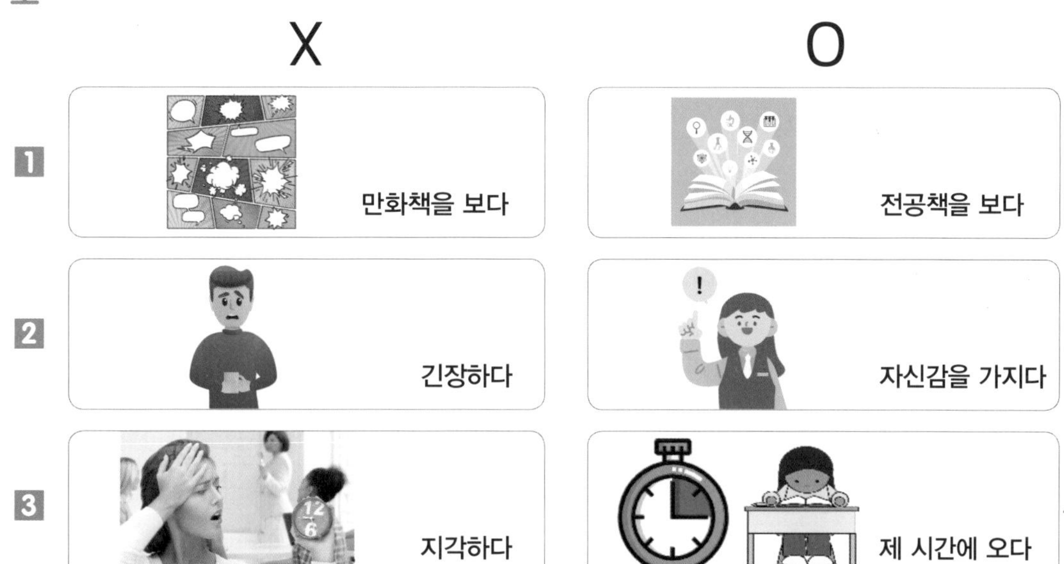

문장을 만들어 말해 보세요.

궁금한 것 / 참다 X / 질문하다 O

과제 1 1 2 3 4

1 다음은 대학생의 수강 신청 만족도입니다.

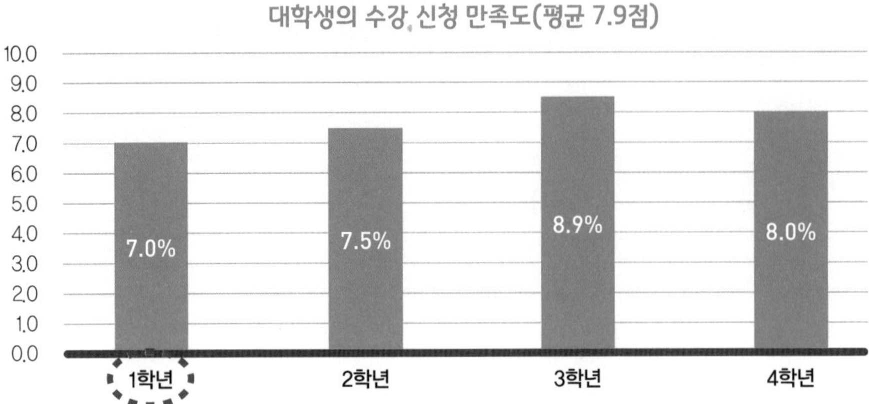

어느 학년이 수강 신청 만족도가 가장 낮습니까? 왜 그럴까요?

2 다음은 대학생이 수강 신청을 만족하지 못하는 이유입니다.

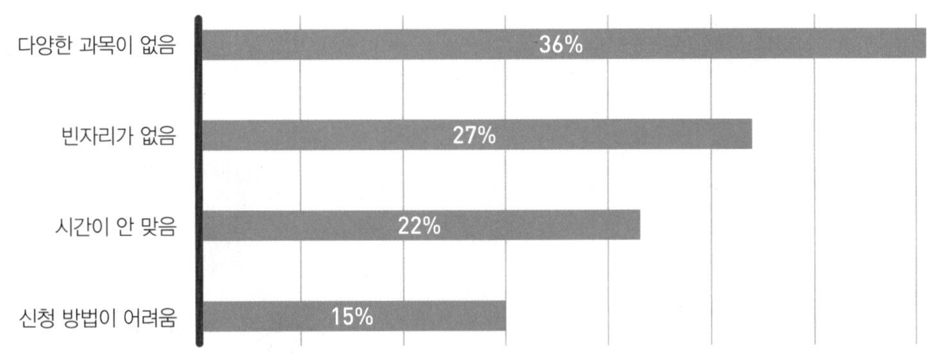

수강 신청을 잘하려면 어떻게 해야 합니까?

과제 1   1 **2** 3 4

1 다음은 시간표입니다. 여러분은 어떤 시간표가 좋습니까? 왜 좋습니까?

	월	화	수	목	금
9					
10		한국 문화		한국 문화	
11					
12					
13	생활 법률	문학과 영화	뇌와 인간	문학과 영화	
14					
15					
16	공학과 경영	뇌와 인간	생활 법률	공학과 경영	
17					
18					

1번 시간표

	월	화	수	목	금
9	경영과 컴퓨팅	경영과 컴퓨팅	컴퓨터 프로그래밍	컴퓨터 프로그래밍	
10					
11					문학과 영화
12					
13					
14					
15					
16					
17	식품과 건강	실용 한국어		식품과 건강	실용 한국어
18					

2번 시간표

2 시간표를 선택하는 기준은 무엇입니까?

도움 표현

- 공강 시간을 활용하다
- (수업 시간)이 이르다 / 늦다
- 시간이 겹치다
- 수업을 몰아서 듣다

1 여러분의 시간표는 어떻습니까?

	월	화	수	목	금
9시					
10시					
11시					
12시					
13시					
14시					
15시					
16시					
17시					

2 시간표를 위와 같이 짜는 이유가 무엇입니까? 친구와 이야기해 보세요.

예 나는 아침에 잘 못 일어나서…

과제 1 1 2 3 4

1 여러분이 신청한 과목 중 하나에 대한 정보를 나누세요. 다음 내용을 사용하세요.

과목명				
교수님 특징	말이 빠르다	말이 느리다	재미있다	그리고…
수업 방법	모둠 활동을 많이 한다	개인 활동을 많이 한다	발표를 많이 한다	그리고…
과제 및 평가	퀴즈가 많다	문제가 어렵다	서술형 시험이 많다	그리고…

여러분이 선택한 수업은 무엇입니까? 어떤 특징이 있습니까?
두 가지 이상 질문하고 대답하세요.

예 한국 문화 수업은 어때요?
숙제가 많아요?

예 좋아요. 교수님께서 재미있는 이야기를 많이 해 주세요.

과제 2 1 2 3 4

1 그림을 보고 말하세요.

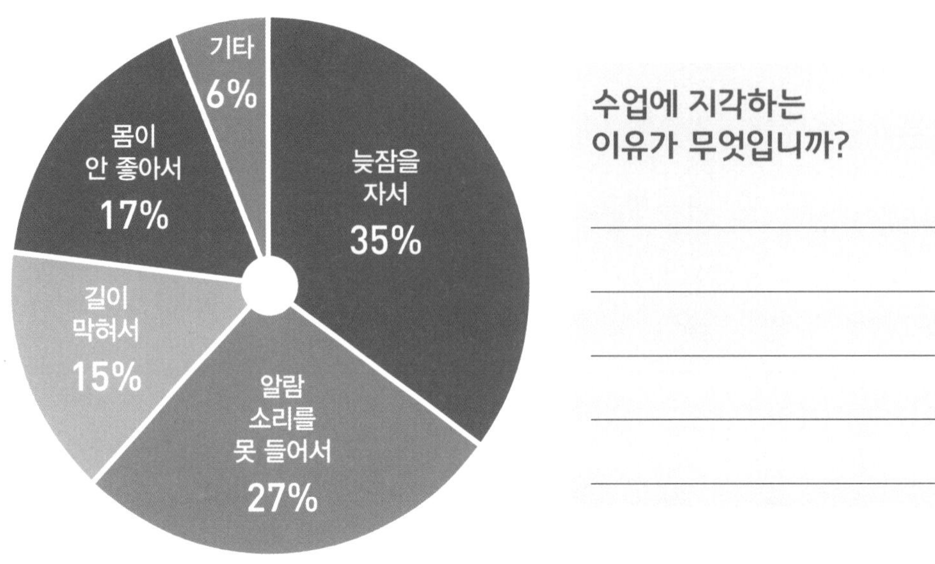

여러분은 지각한 적이 있습니까? 왜 지각했습니까?

지각하면 어떤 문제가 생깁니까?

과제 2 1 2 3 4

1 다음은 무슨 상황입니까? 그림을 보고 말하세요.

여러분은 선생님입니다. 학생에게 무슨 말을 하고 싶습니까?

여러분은 학생입니다. 선생님께 어떻게 대답하면 좋습니까?

과제 2 1 2 3 4

1 수업 시간에 무슨 행동을 자주합니까? 친구와 이야기해 보세요.

	예		나	친구
수업 시간에 자주 하는 행동	질문에 대답을 잘한다	문자 메시지를 확인한다		
좋은 행동 (O, X)	O	X		

표를 보며 대화를 하세요.

- 친구의 행동에서 배울 점이 있습니까?

  예 **"수업 시간에 집중을 잘해. 그리고 질문에 대답을 잘해."**

- 잘못된 행동을 하는 친구에게 무슨 말을 해야 합니까?

  예 **"문자 메시지를 확인하지 말고 수업에 집중해."**

과제 2 1 2 3 4

1 여러분은 앞으로 ____________ 수업에 어떻게 참여하겠습니까? 자신의 결심을 다른 친구에게 발표하세요.

나의 결심

2 다른 친구의 발표를 듣고 궁금한 것이 있습니까? 질문해 보세요.

이렇게도 말해요

에 대해
–(으)면

A: 누가 발표해 볼래요?
이 문제에 대해 발표할 사람 있어요?

B: 제가 발표하겠습니다.
제 생각을 말씀드리면……
우선 제 의견을 말씀드리면……

시간표 짜는 꿀팁

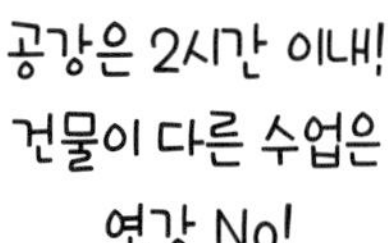

공강은 2시간 이내!
건물이 다른 수업은
연강 No!

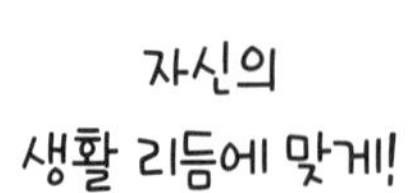

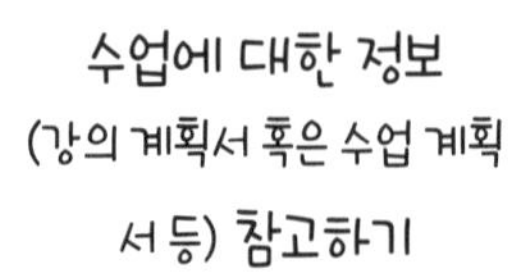

수업에 대한 정보
(강의 계획서 혹은 수업 계획
서 등) 참고하기

● 교수님께 메일 보내는 방법!

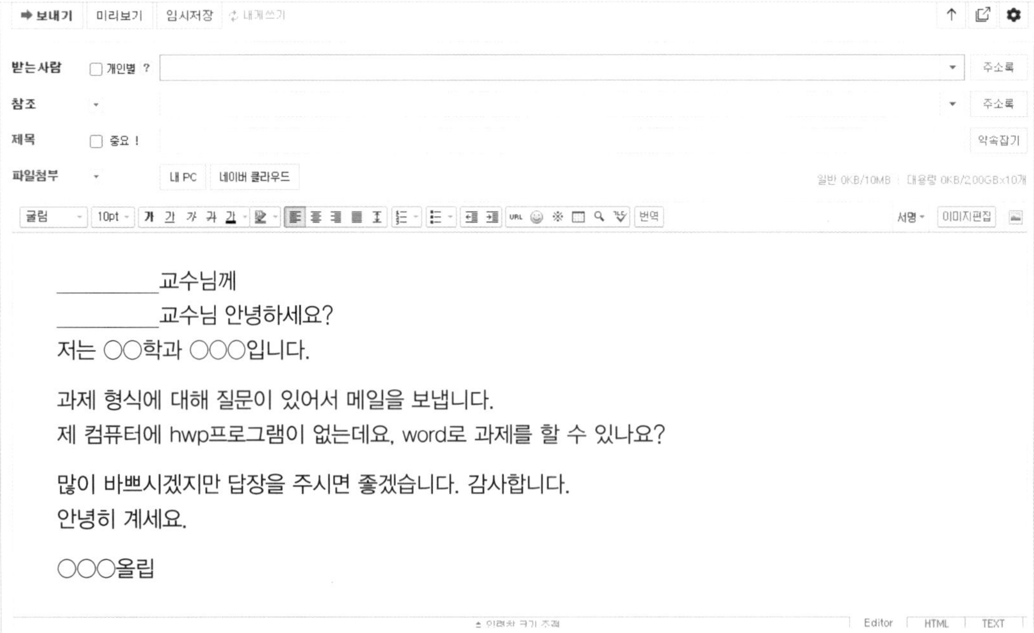

보내기 | 미리보기 | 임시저장 | 내게쓰기

받는사람 ☐ 개인별 ? | 주소록

참조 | 주소록

제목 ☐ 중요 ! | 약속잡기

파일첨부 | 내 PC | 네이버 클라우드 | 일반 0KB/10MB | 대용량 0KB/2.00GBx10개

굴림 | 10pt | 번역 | 서명 | 이미지편집

__________교수님께
__________교수님 안녕하세요?
저는 ○○학과 ○○○입니다.

과제 형식에 대해 질문이 있어서 메일을 보냅니다.
제 컴퓨터에 hwp프로그램이 없는데요, word로 과제를 할 수 있나요?

많이 바쁘시겠지만 답장을 주시면 좋겠습니다. 감사합니다.
안녕히 계세요.

○○○올림

Editor | HTML | TEXT

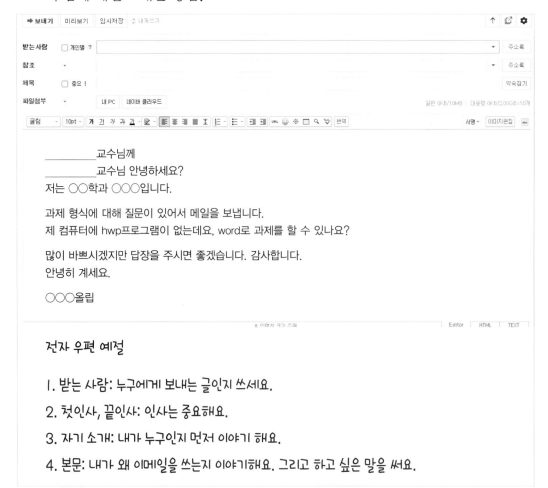

전자 우편 예절

1. 받는 사람: 누구에게 보내는 글인지 쓰세요.
2. 첫인사, 끝인사: 인사는 중요해요.
3. 자기 소개: 내가 누구인지 먼저 이야기 해요.
4. 본문: 내가 왜 이메일을 쓰는지 이야기해요. 그리고 하고 싶은 말을 써요.

정리와 자기 점검

▶ 다음 질문에 ✔로 표시해 봅시다.

질문	네	아니요
• 수업 시간에 질문이 있으면 친구에게 질문하고 답할 수 있습니까?		
• 출석이나 과제 등 수업에 대해 질문하고 답할 수 있습니까?		
• 수업 시간에 친구가 휴대폰을 할 때 그 친구의 행동을 충고할 수 있습니까?		

▶ 중간 시험 장소가 바뀌었는데 기억이 안 나요. 친구에게 물어보세요.

-지(요)/죠?

▶ 지각을 했어요. 지금 책에서 공부하는 쪽을 몰라요. 친구에게 물어보세요.

-는지 알다

▶ 친구가 수업 시간에 나에게 말을 걸어요. 그 친구에게 대답해 보세요.

-지 말고 -아/어

1과 이번 학기 나의 수업

주제 수강 신청
- 수업과 관련된 정보를 묻고 답하기
- 수업 중에 하면 안 되는 행동에 대해 이야기하기

2과
스마트 캠퍼스

주제 온라인 대학 생활

문법과 표현 -아/어도 될까(요)?
(이)란
-고 나다

과제 물건을 잘 챙기는 방법에 대해 발표하기
LMS 사용 방법 소개하기

2과
스마트 캠퍼스

1 여러분 나라에 수업과 관련된 온라인 시스템이 있습니까?

2 한국에서는 이 시스템을 활용해 본 적이 있습니까?

생각거리

수업에 대한 정보는 어떻게 얻을 수 있을까요?

A를 하려고 합니다. B에서 관계가 있는 것과 연결하세요.

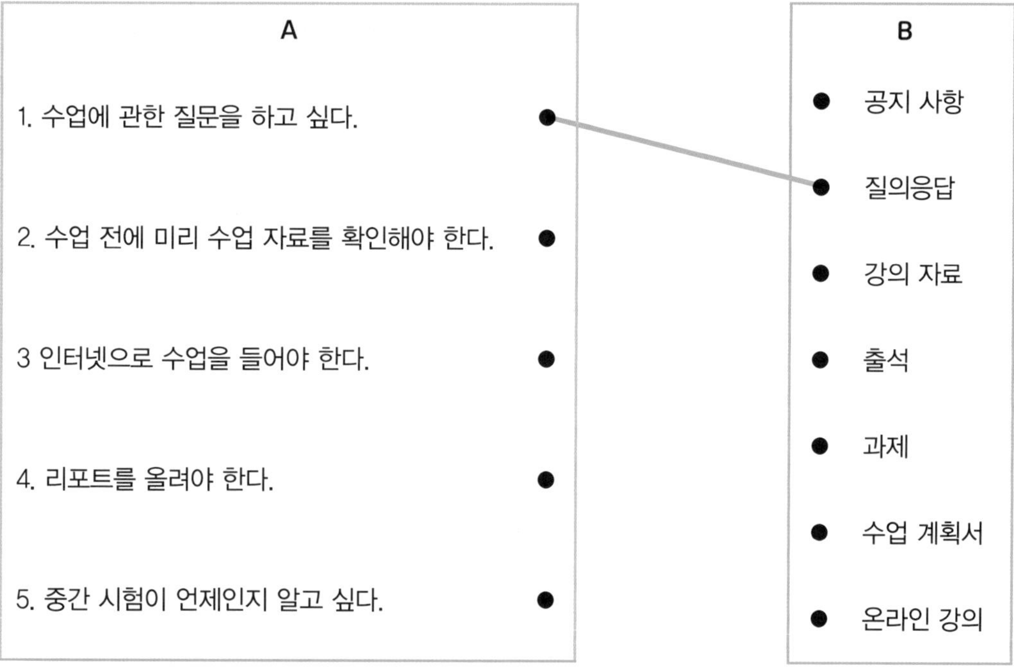

A
1. 수업에 관한 질문을 하고 싶다.
2. 수업 전에 미리 수업 자료를 확인해야 한다.
3 인터넷으로 수업을 들어야 한다.
4. 리포트를 올려야 한다.
5. 중간 시험이 언제인지 알고 싶다.
B
공지 사항
질의응답
강의 자료
출석
과제
수업 계획서
온라인 강의

이 단원에서 무엇을 배울까?

- 어떤 정보를 소개할 수 있다.
- 어떤 일을 요청하고 허락을 받을 수 있다.

들어가기

- 한국 대학생들은 학습 관리 시스템 (LMS)을 사용합니다. 다음은 대학생들이 LMS로 하는 일입니다.

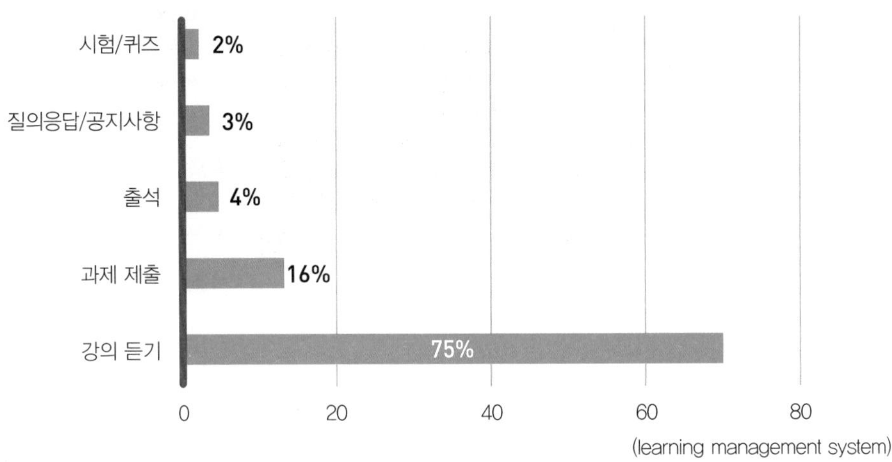

- 여러분은 LMS를 사용합니까? 주로 언제 사용합니까?

- 한국 대학교에서는 휴대 전화로 출석 확인을 하거나 과제 제출을 할 수 있습니다.

(1) 휴대 전화를 안 가지고 와서 출석 확인을 못 했습니다. 어떻게 해야 합니까?

(2) 과제를 온라인으로 제출할 때 문제가 생긴 적이 있습니까? 그럴 때 어떻게 했습니까?

배우기 1

수업 시간이다. 그런데 집에 책을 두고 왔다.
옆 친구와 책을 같이 보고 싶다.
이럴 때 어떻게 말할까?

➡ 책을 ……

–아/어도 될까요?

- 우산을 같이 **써도 될까요**?
- 같이 **앉아도 될까요**?

배운 표현으로 대화를 만들어 보세요.

1 펜을 빌려 달라고 말하고 싶다.
2 중요한 전화가 왔다.
3 갑자기 일이 생겨서 나가야 한다.

문장을 만들어 말해 보세요.

이 책 / 내일 / 돌려주다

배우기 2

공강에 대해 친구에게 설명하고 싶다.

이럴 때 어떻게 말할까?

➡ 공강 ……

(이)란

- 가 : 필수 과목이 뭐예요?
  나 : **필수 과목이란** 대학교에서 졸업하기 위해 꼭 들어야 하는 과목이에요.
- 가 : 공인 출석이 뭐예요?
  나 : **공인 출석이란** 대학교에서 공식적으로 출석을 인정하는 거예요.

배운 표현으로 대화를 만들어 보세요.

1 가
과제가 뭐예요?
나
2 가
학번이 뭐예요?
나
3 가
수강 정정이 뭐예요?
나

문장을 만들어 말해 보세요.

수강 신청 = ________________? ________________

배우기 3

수강 신청 기간이다.
친구에게 수강 신청 전에 수업 계획서를 보라고 이야기하고 싶다.
이럴 때 어떻게 말할까?

➡ 수업 계획서를 ……

-고 나다

- 밥을 다 **먹고 나서** 숙제를 시작했어요.
- 대학교에 **입학하고 나서** 새 친구를 많이 사귀었어요.

배운 표현으로 문장을 만들어 보세요.

-고 나다

1 첫 수업을 듣다 •
2 글쓰기 수업을 듣다 •
3 약속을 하다 •

• 수강 정정을 하다
• 글쓰기를 잘하게 되다
• 교수님을 만나다
• 말하기 실력이 늘다

문장을 만들어 말해 보세요.

대학교 / 졸업하다 / 회사 / 취직하다

과제 1 1 2 3 4

1 다음은 학생이 잘 챙기지 못하는 것입니다.

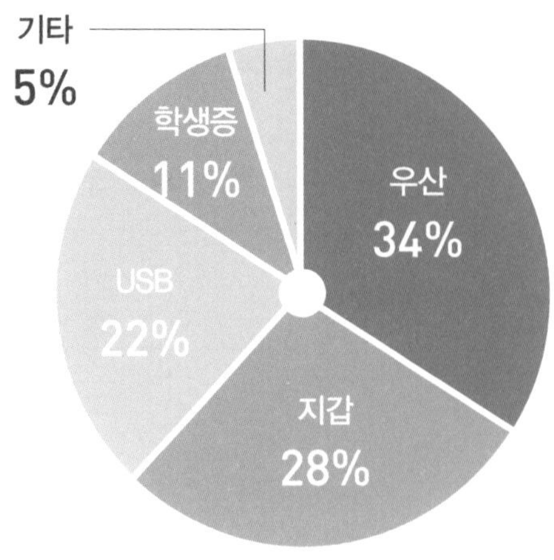

여러분은 무엇을 잘 챙기지 못합니까?

2 다음은 위 문제를 해결하는 방법입니다.

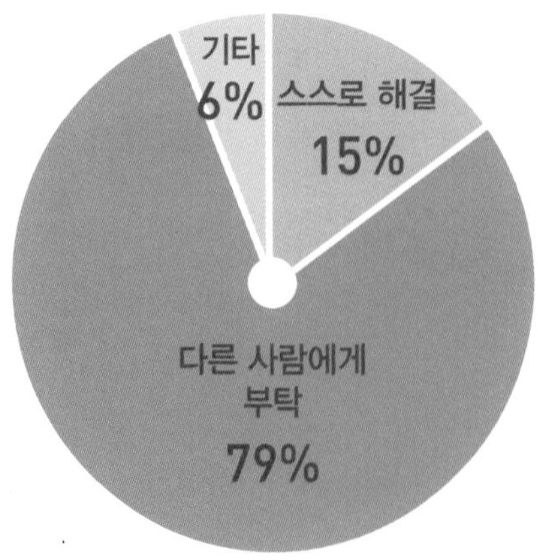

여러분은 이럴 때 보통 어떻게 해결합니까?

과제 1 1 2 3 4

1 외출할 때 중요한 물건을 챙기지 못한 적이 있습니까? 여러분의 경험을 이야기해 보세요.

(1) 그 물건이 무엇입니까?

(2) 어디에 두었습니까?

(3) 그때 어떻게 했습니까?

이름	물건	위치	방법
예시	지갑	책상 서랍	친구에게 부탁
나			
친구 1			

2 다음 상황에 맞게 이야기해 보세요.

• **여러분의 방입니다. 여러분이 못 챙긴 물건에 대해 방 친구에게 설명하세요.**

(1) 물건

(2) 물건의 위치

3 물건을 잘 챙기기 위해서 어떻게 해야 합니까?

(1) 왜 잘 챙기지 못할까요?

(2) 어떻게 하면 잘 챙길 수 있을까요?

과제 1 1 2 3 4

1 다음 상황을 떠올려 보세요. 어떻게 말할 수 있을까요?

어제 한 과제의 파일이 컴퓨터에 있다. 방 친구에게 과제 파일을 보내 달라고 부탁을 한다.

방 친구에게 컴퓨터 비밀번호를 알려 준다.

그 과제가 있는 위치를 설명한다.

다음 순서에 맞게 대화해 보세요.

1) 친구에게 상황을 이야기하고 가져와 달라고 부탁하기
2) 과제가 무엇인지 설명하기
3) 과제 위치 설명하기

1) 수락하기
2) 과제에 대한 설명 듣기
3) 과제를 찾아보기

2 물건을 잘 챙기는 자신의 방법이 있습니까? 이야기해 보세요.

과제 1 1 2 3 4

1 '물건을 잘 챙기는 방법'에 대해 발표해 보세요.

시작
• 인사
• 주제 소개
중간
• 문제
• 원인
• 해결 방법
끝
• 요약
• 인사

2 누구의 방법이 가장 좋습니까? 왜 그렇게 생각합니까?

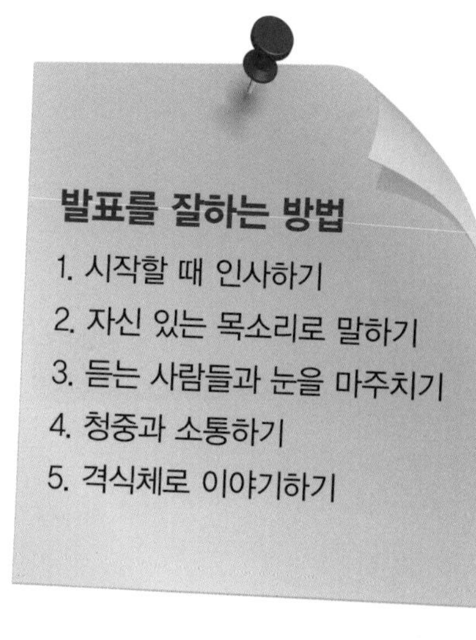

발표를 잘하는 방법
1. 시작할 때 인사하기
2. 자신 있는 목소리로 말하기
3. 듣는 사람들과 눈을 마주치기
4. 청중과 소통하기
5. 격식체로 이야기하기

과제 2 1 2 3 4

1 인터넷을 사용하려고 합니다. 다음 (ㄱ)~(ㄹ)을 뭐라고 말합니까?

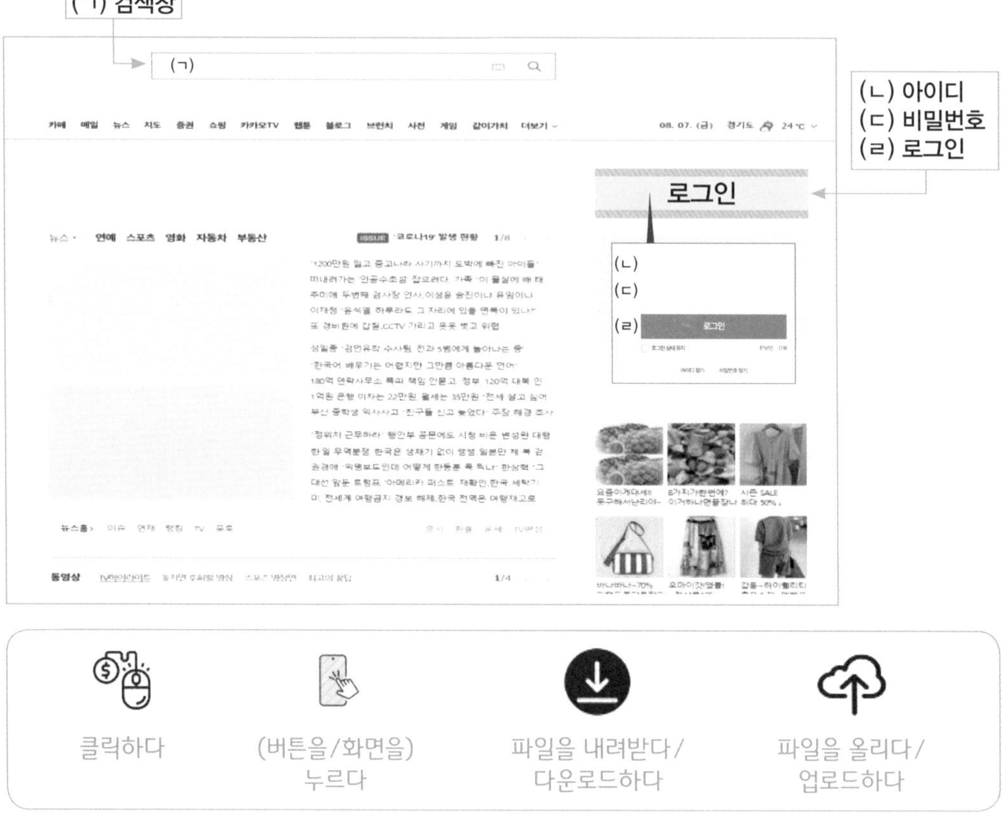

2 다음은 대학생들의 평균 인터넷 이용 시간입니다. 여러분은 하루에 몇 시간 정도 인터넷을 합니까? 인터넷으로 무엇을 합니까?

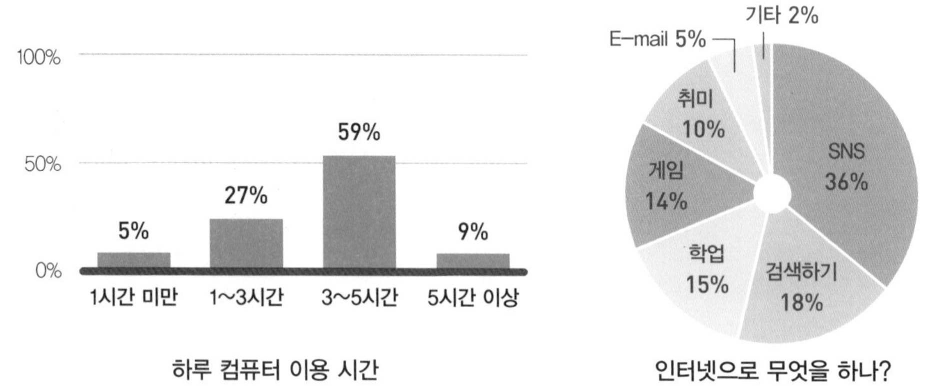

과제 2 1 2 3 4

1 여러분은 학교 홈페이지를 언제 이용합니까?

2 학교 홈페이지에서 무엇을 합니까?

3 다음 상황에 맞는 홈페이지 이용 방법을 순서대로 쓰세요. 그리고 친구에게 설명해 보세요.

상황 1 학과 홈페이지에서 전공 교수님을 찾고 싶다.

상황 2 지난 학기 성적을 확인하고 싶다.

상황 3 친구가 학교에 온다. 미리 학교 지도를 확인해서 같이 갈 장소를 찾고 싶다.

과제 2 1 2 3 4

1 학습 관리 시스템(LMS)이 무엇입니까? 다음 상황을 떠올려 대화를 해 보세요. 학교 홈페이지를 이용해 보세요.

과제를 제출해야 한다. → 과제를 어디에 제출해야 하는가? → 과제를 어떻게 제출해야 하는가?

1) 공지 사항을 확인하는 방법 묻기
2) 과제를 제출하는 위치 묻기
3) 과제를 제출하는 방법 묻기

1) 공지 사항을 확인하는 방법 알려주기
2) 과제를 어디에 제출하는지 알려주기
3) 과제를 어떻게 제출하는지 알려주기

친구의 설명을 듣고 직접 과제를 제출해 보세요. 혹시 안 되면 다시 친구에게 질문해 보세요.

과제 2 1 2 3 4

1 친구에게 스마트 캠퍼스를 알려 주어야 합니다. 스마트 캠퍼스에 대해 꼭 알아야 할 것은 무엇입니까? 다음 중 하나를 골라 친구에게 소개하세요.

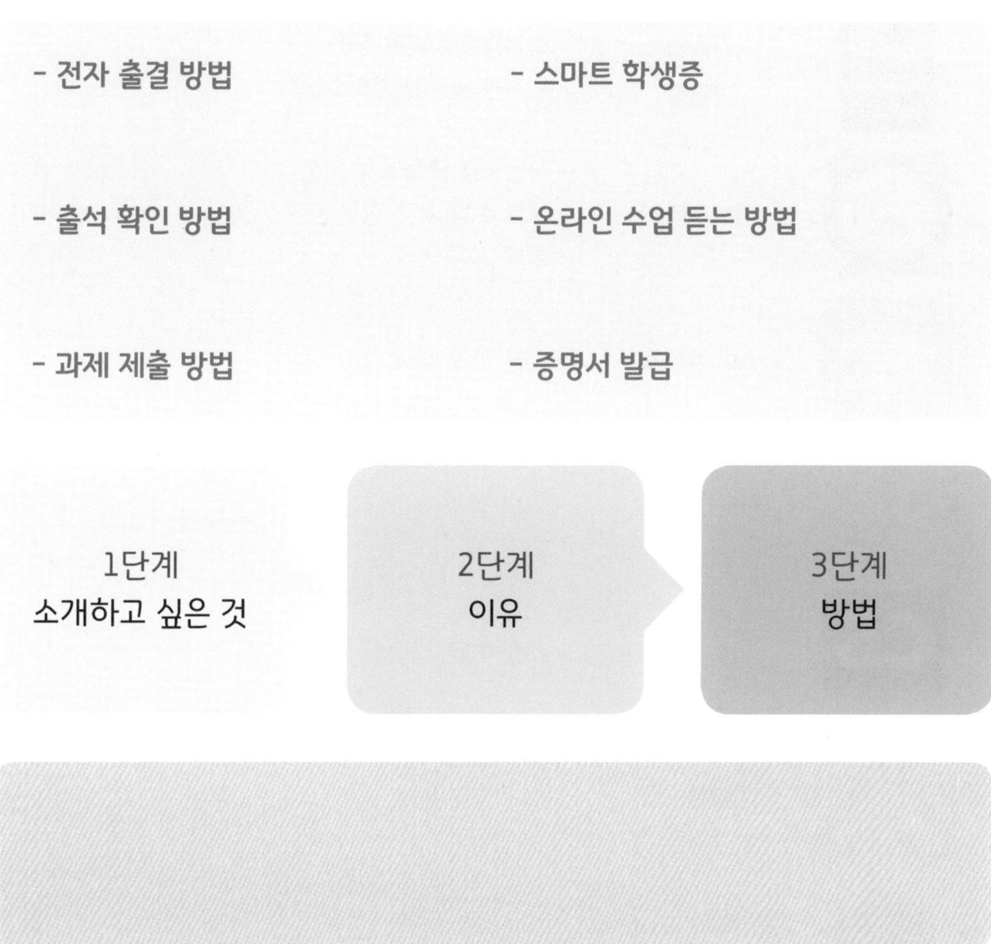

- 전자 출결 방법
- 스마트 학생증
- 출석 확인 방법
- 온라인 수업 듣는 방법
- 과제 제출 방법
- 증명서 발급
1단계 소개하고 싶은 것
2단계 이유
3단계 방법

이렇게도 말해요

- 저는 오늘 출석 확인 방법**에 대해** 알려주려고 합니다.
- **그 이유는** 여러분에게 출결이 중요하**기 때문입니다**.

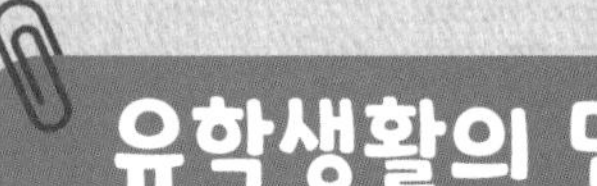

슬기로운 대학 생활의 필수 애플리케이션

애플리케이션	기능
클리커 Clicker	• 학생증으로 사용 가능 • 도서관 열람실 자리 예약
에브리타임	• 시간표를 만들어서 저장 • 대학 수업 과제 정보 공유 가능 • 중요 일정 관리
애드캠퍼스	• 다른 학교 정보 찾기
HELLOLMS	• LMS 접속
캠스캐너	• 스캔 어플
애드투페이퍼	• 수업 자료 출력
폴라리스 오피스 Polaris Office	• 문서 확인, 편집((PPT 파일, 엑셀 등)
아이캠펑	• 대외활동, 공모전, 취업 정보 등
캠퍼스픽	• 동아리, 스터디, 공모전 정보 등

• 여러분이 알고 있는 애플리케이션이 있으면 소개해 보세요.

정리와 자기 점검

▸ 다음 질문에 ✔로 표시해 봅시다.

질문	네	아니요
• 정보를 소개하는 방법을 알게 되었습니까?		
• 허락을 구할 때 어떻게 말을 할 수 있는지 알게 되었습니까?		
• 학교 홈페이지나 애플리케이션을 사용할 수 있게 되었습니까?		

▸ 다음 수업 시간에 조금 늦게 올 것 같습니다. 오늘 교수님께 말씀을 드리고 싶습니다. 어떻게 말할 수 있습니까?

-아/어도 될까요?

▸ 스마트 캠퍼스가 무엇인지 설명해 보세요.

(이)란

▸ 과제를 제출했습니다. 그 후에 꼭 다시 확인을 해야 합니다. 그것을 친구에게 어떻게 말해 줄 수 있습니까?

-고 나다

2과 스마트 캠퍼스

주제 온라인 대학 생활
- 어떤 정보를 소개하기
- 어떤 일을 요청하고 허락을 받기

3과
리포트, 대학 생활의 꽃

주제 리포트

문법과 표현 -(으)ㄴ/는다는 점에서 유사하다(차이가 있다)
-(으)ㄴ/는 반면에
에 따르면(의하면) -(으)ㄴ/는/인 것으로 나타나다

과제 두 대상의 공통점과 차이점에 대해 대화하기
로봇과 인공지능에 대해 발표하기

3과
리포트, 대학 생활의 꽃

1. 비교나 대조를 하고 싶을 때 어떤 표현을 사용합니까?
2. 발표를 할 때 많이 쓰는 말을 알고 있습니까?

생각거리

다음 중 여러분이 많이 하는 과제는 무엇입니까? 어떤 방법으로 합니까?

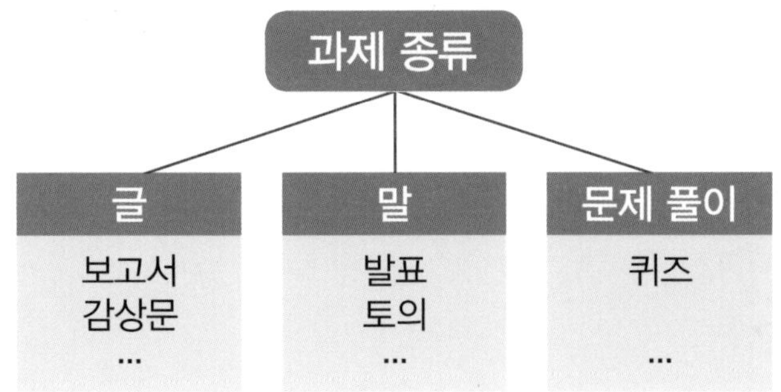

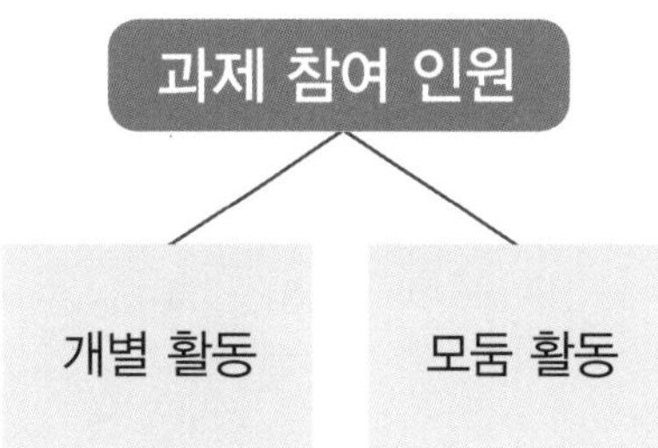

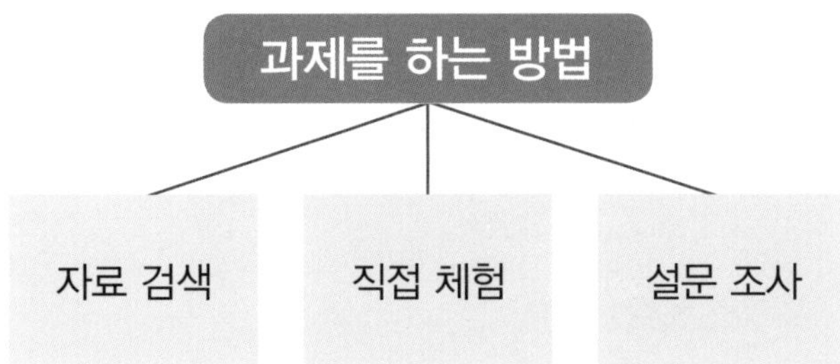

이 단원에서 무엇을 배울까?

- 어떤 대상을 비교하고 대조할 수 있다.
- 조사한 내용을 사용하여 발표할 수 있다.

들어가기

● 다음 그림을 보세요.

▶ 그림 A와 B는 어떤 점이 비슷합니까?

▶ 그림 A와 B는 어떤 점이 다릅니까?

● 다음 도표는 대학생이 자료를 찾는 방법입니다.

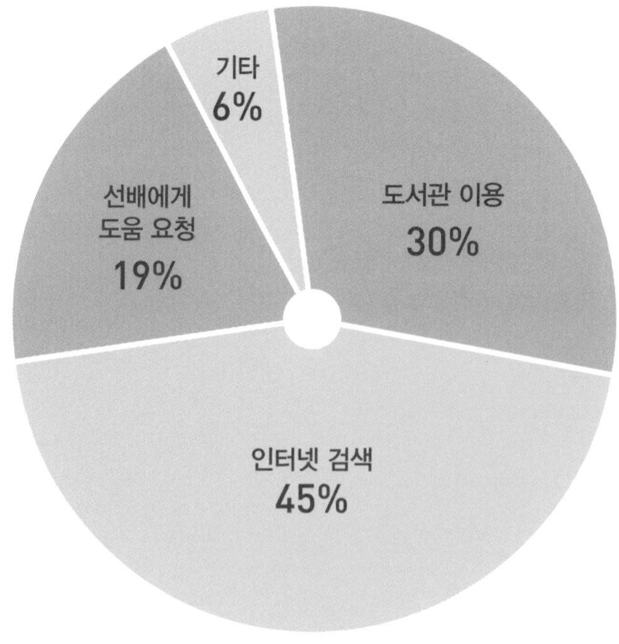

● 여러분은 과제를 하기 위해 어떻게 자료를 찾습니까?

배우기 1

태권도와 택견에 대해 조사하는 과제가 있다.
공통점을 알지만 어떻게 말해야 할지 모르겠다.
이럴 때 어떻게 말할까?

➡ 태권도와 택견은 ……

−(으)/ㄴ/는다는 점에서 유사하다/차이가 있다

- 인공지능(AI)과 로봇은 인간의 삶을 편리하게 **한다는 점에서 유사합니다.**
- 대학교는 학생마다 시간표가 **다르다는 점에서** 고등학교와 **차이가 있습니다.**

배운 표현으로 다음을 비교하고 대조해 보세요.

1

비행기

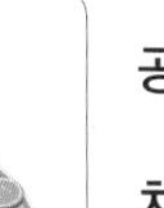

배

공통점 : 예 교통수단

차이점 :

비행기와 배는 ……

2

시장

백화점

공통점 :

차이점 :

시장과 백화점은 ……

3

노트북

스마트폰

공통점 :

차이점 :

노트북과 스마트폰은 ……

문장을 만들어 말해 보세요.

연극 / 영화 / 이야기가 있다 / 유사하다

배우기 2

시장이 우리집에서 멀다.
그렇지만 학교는 가깝다.
반대되는 것을 말하고 싶을 때 ……

➡ 우리집에서 ……

–(으)ㄴ/는 반면에

- 신생아 수는 **줄어드는 반면에** 노인의 수는 늘어나고 있다.
- 인스턴트 음식은 먹기 **쉬운 반면에** 건강에 좋지 않습니다.

배운 표현으로 문장을 만들어 보세요.

1 작년, 청바지가 유행하다 / 올해, 면바지가 유행하다

2 예전, 수출이 증가하다 / 요즘, 수입이 증가하다

3 그 회사, 월급이 많다 / 그 회사, 야근이 많다

문장을 만들어 말해 보세요.

온라인 수업 / 선생님을 직접 만나지 않다 / 오프라인 수업 / 선생님을 직접 만나다

배우기 3

발표를 하기 위해 자료를 정리했다.
조사한 자료의 출처를 밝힐 때 ……

➡ 이 자료 ……

에 따르면/에 의하면 -(으)ㄴ/는/인 것으로 나타났다

- 실험 **결과에 의하면** 아침을 챙겨 먹는 사람이 더 오래 **사는 것으로 나타났다**.
- **뉴스에 따르면** 식생활이 건강에 큰 영향을 **미치는 것으로 나타났다**.

배운 표현으로 문장을 만들어 보세요.

인기가 많은 선생님

학생에게 관심을 보이는 선생님	36%
잘 가르치는 선생님	34%
재미있는 선생님	14%
학생의 이야기를 잘 들어주는 선생님	12%
잘생긴 선생님	4%

인기가 없는 선생님

학생의 질문에 대답을 안 하는 선생님	37%
공부 잘하는 학생만 좋아하는 선생님	27%
말이 빠른 선생님	23%
자주 화내는 선생님	12%
목소리가 작은 선생님	2%

예 조사 결과에 따르면 학생들은 자신에게 관심을 가져주는 선생님을 가장 좋아하는 것으로 나타났다.

1

2

문장을 만들어 말해 보세요.

조사 결과 / 올해 / 경기 / 좋아지다 / 나타나다

과제 1 1 2 3 4

1 여러분은 밥을 먹을 때 어떤 것을 사용합니까?

출처: 픽사베이

출처: 픽사베이

2 여러분 나라의 젓가락은 어떤 특징이 있습니까?

대한민국

놋쇠나 은 등으로 만듦.
납작한 직사각형 모양

네팔

대나무로 만듦.

베트남

나무로 만듦.
주로 대나무를 씀.
끝이 뾰족하지 않음.

중국

나무로 만듦.
길고 둥근 모양

일본

나무나 대나무로 만듦.
끝이 뾰족함.

1 다음 세 가지 중에서 두 가지를 골라 공통점과 차이점을 이야기하세요.

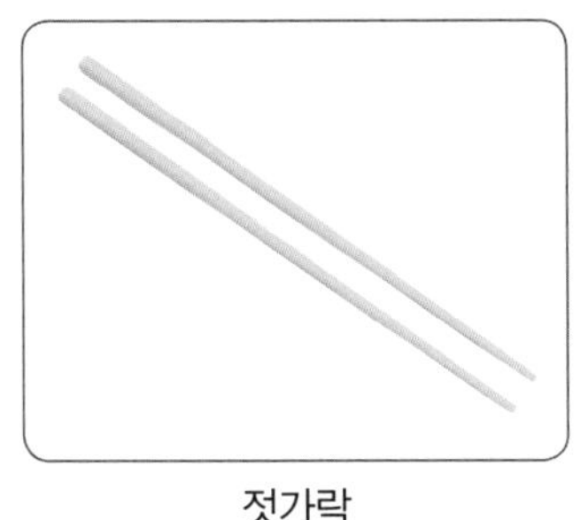
젓가락

포크

숟가락

( )와 ( )의 공통점은 ……

( )와 ( )의 차이점은 ……

1 한국과 여러분 나라의 식사 문화를 비교하고 대조해 보세요.

공통점

차이점

2 여러분 나라와 친구 나라의 식사 문화를 비교하고 대조해 보세요.

공통점

차이점

과제 1 1 2 3 4

1 다음 1번과 2번 중 하나를 선택하여 공통점과 차이점을 발표하세요.

1

2

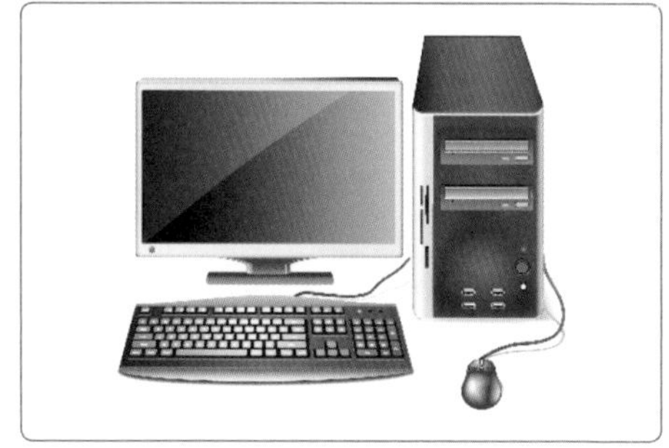

공통점

차이점

과제 2 1 2 3 4

1 다음 중 무엇이 로봇입니까? 무엇이 인공지능(AI)입니까?

1

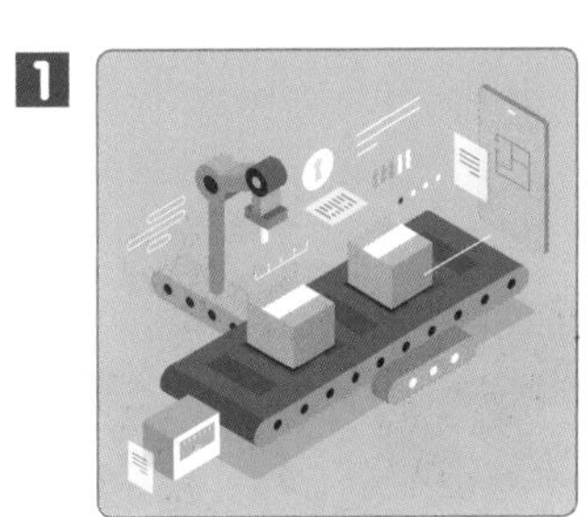

컨베이어 벨트

2

자율주행 자동차

3

자동판매기

로봇

인공지능

2 왜 그렇게 생각합니까? 친구의 의견과 비교하여 말하세요.

과제 2 1 2 3 4

다음은 로봇입니까? 인공지능입니까?

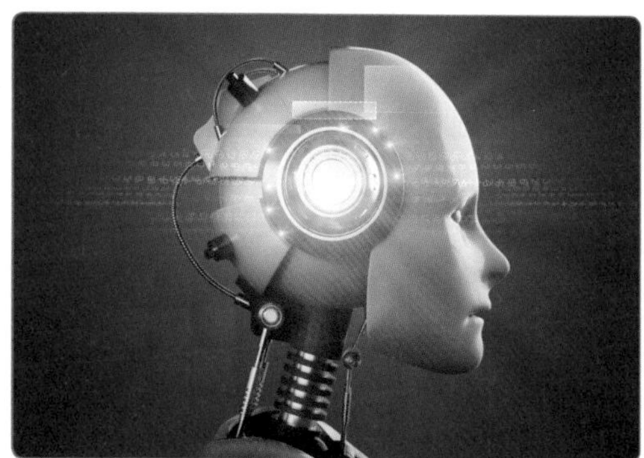

1 로봇과 인공지능의 특징을 찾아서 메모하세요.

로봇의 특징

- 사람처럼 움직인다.
-
-

인공지능의 특징

- 사람처럼 생각한다.
-
-

2 실생활에서 볼 수 있는 것 중에서 인공지능은 무엇입니까?

과제 2 1 2 3 4

1 로봇과 인공지능에 대해 발표하려고 합니다. 발표 개요문을 만들어 보세요.

제목 ______________________

시작
- 인사
- 발표 주제와 목적
-

가운데
-
-
-

끝
- 요약 정리
-

✔ 체크리스트

확인 영역	점수		
• 자기 소개와 주제에 대한 소개를 명확하게 하였는가?	3	2	1
• 발표 내용이 주제에 맞게 구성되었는가?	3	2	1
• 발표 내용이 복잡하지 않고 이해하기 쉽게 표현되었는가?	3	2	1
• 발표 주제에 맞는 자료를 준비하였는가?	3	2	1
• 필요한 내용을 간추려 요약하였는가?	3	2	1
• 끝맺는 인사를 하였는가?	3	2	1

1 개요문을 사용하여 로봇과 인공지능에 대해 발표하세요.

( )

20□□년 □월 □일

이름:

공통점

차이점

요약 정리

이렇게도 말해요

시작 지금부터 제가 조사한 내용에 대해 발표를 하겠습니다
저는 ______________ 라는 주제로 발표를 하려고 합니다.

가운데 여러분도 아시다시피 인공지능의 시대가 시작되었습니다.
휴머노이드 로봇이란 인간처럼 만든 로봇입니다.
로봇 한 대가 일하는 것은 사람 70명이 일하는 것과 같습니다.

마무리 이상으로 ______________ 에 대한 발표를 마치겠습니다.
지금까지 ______________ 에 대해 말씀드렸습니다.
끝까지 들어주셔서 감사합니다.
질문이 있으신 분은 자유롭게 질문해 주시기 바랍니다.

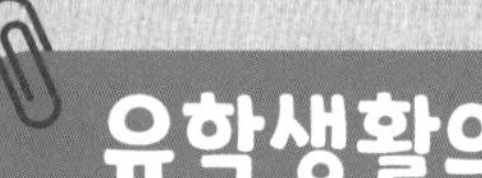

보고서를 어떻게 쓸까?

생활 속 인공지능

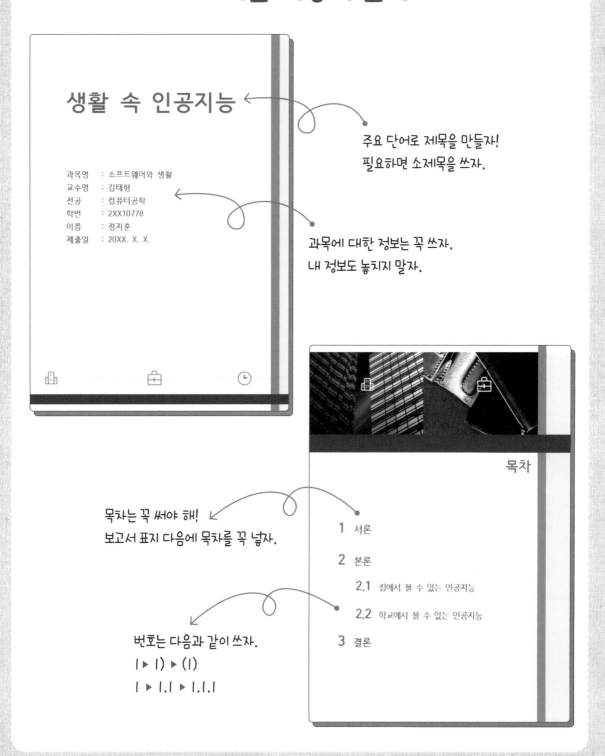

과목명 : 소프트웨어와 생활
교수명 : 김태형
전공 : 컴퓨터공학
학번 : 2XX10778
이름 : 정지훈
제출일 : 20XX. X. X.

주요 단어로 제목을 만들자!
필요하면 소제목을 쓰자.

과목에 대한 정보는 꼭 쓰자.
내 정보도 놓치지 말자.

목차

1 서론
2 본론
2.1 집에서 볼 수 있는 인공지능
2.2 학교에서 볼 수 있는 인공지능
3 결론

목차는 꼭 써야 해!
보고서 표지 다음에 목차를 꼭 넣자.

번호는 다음과 같이 쓰자.
1 ▸ 1) ▸ (1)
1 ▸ 1.1 ▸ 1.1.1

정리와 자기 점검

▶ 다음 질문에 ✔로 표시해 봅시다.

질문	네	아니요
• 어떤 대상의 공통점과 차이점에 대해 말할 수 있습니까?		
• 발표를 할 때 사용하는 표현을 알고 있습니까?		
• 조사한 자료를 사용하여 발표할 수 있습니까?		

▶ 체크카드와 신용카드의 비슷한 점을 말해 보세요.

-(으)ㄴ/는다는 점에서 유사하다

▶ 패스트푸드와 슬로푸드의 다른 점을 말해 보세요.

-(으)ㄴ/는 반면에

▶ 뉴스에서 올해 경기가 작년보다 좋아졌다고 합니다.
이를 발표할 때 쓰는 말로 해보세요.

에 따르면, 에 의하면
-(으)ㄴ/는 것으로 나타났다

4과
최선의 방법

주제 모둠 활동

문법과 표현 -(으)ㄹ 테니 -는 게 어때(요)?
-(으)ㄴ/는/(으)ㄹ 것 같은데(요)
-다고 생각하다

과제 토의의 주제를 결정하는 대화하기
행사 홍보 방법에 대해 토의하기

4과
최선의 방법

1 여러분은 토의해 본 적이 있습니까?

2 언제, 무슨 주제로 토의해 봤습니까?

3 토의할 때 사용하는 말에는 어떤 것이 있습니까?

생각거리

● 친구가 제안을 했습니다. 어떻게 대답합니까?

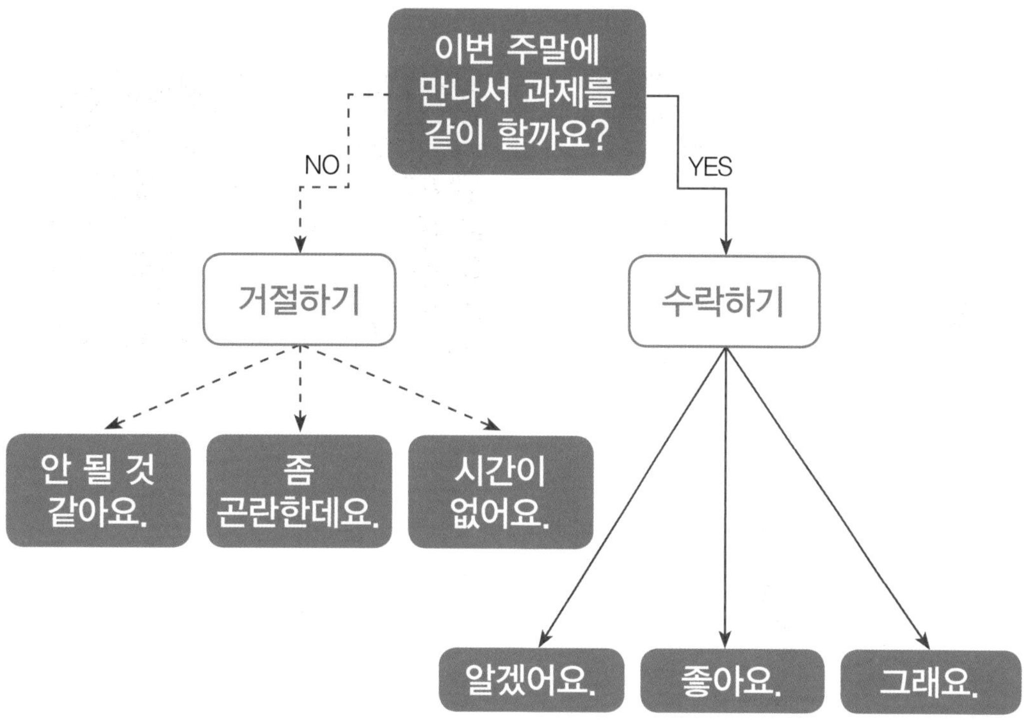

● 다음 중 토의는 무엇입니까? 토의에 ○표 하세요.

• 유학생 전용 휴게실이 필요한가?	(　　　)
• 교재를 꼭 사야 하는가?	(　　　)
• 학생회비로 무엇을 할 것인가?	(　　　)
• 유학생회가 필요한가?	(　　　)
• 방학에 어디로 여행갈 것인가?	(　　　)

이 단원에서 무엇을 배울까?

- 자신의 의견을 주고 받을 수 있다.
- 어떤 주제에 대해 자신의 생각을 말할 수 있다.

들어가기

- 여러분은 '고양이 목에 방울 달기'를 아십니까? 어떤 이야기입니까?

1

2

3

4

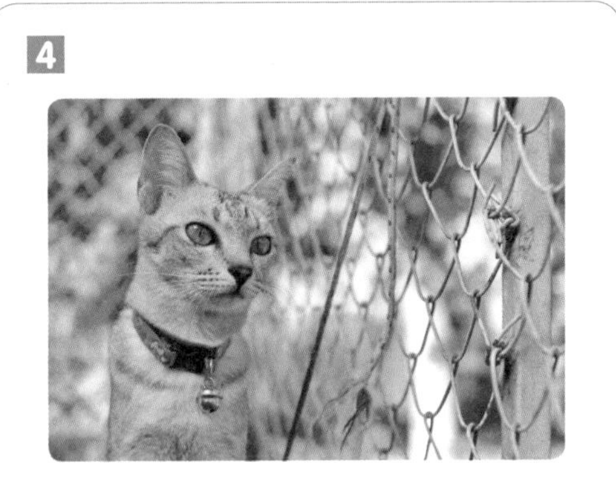

- 고양이 목에 방울을 달기 위해 쥐들은 무엇을 했을까요?

- 쥐들은 고양이 목에 방울을 달았을까요?

- 여러분은 이러한 상황에서 어떻게 하시겠습니까?

배우기 1

조별 과제를 하려고 한다.
나는 자료 조사를 하고 싶다. 발표는 친구가 하면 좋겠다.
이럴 때 어떻게 말할까?

➡ 나는 ……

–(으)ㄹ 테니 –는 게 어때?

- 내가 이 책을 **읽을 테니** 네가 다른 책을 **읽는 게 어때**?
- 내가 발표를 **할 테니** 너는 발표 자료를 **만드는 게 어때**?
- 나는 **번역할 테니** 너는 요약을 **하는 게 어때**?

 배운 표현으로 문장을 만들어 보세요.

	-(으)ㄹ 테니		-는 게 어때?
1	나, 도서관, 책을 빌리다	+	너, 인터넷, 자료를 검색하다
2	나, 책을 가져오다	+	조위, 노트북을 챙겨 오다
3	나, 스터디룸을 예약하다	+	너, 조원들에게 연락하다

1 ➡

2 ➡

3 ➡

문장을 만들어 말해 보세요.

나 / 가다 / 너 / 거기에서 기다리다

배우기 2

오늘 조별 모임이 있다.
그런데 내가 갑자기 일이 있어서
모임에 참석하지 못한다.
이럴 때 조장에게 어떻게 말할까?

➡ 오늘 ……

–(으)ㄴ/는/(으)ㄹ 것 같은데요

- 가 : 수업 끝나고 영화보러 갈 수 있어요?
  나 : 갑자기 집에 일이 생겨서 오늘은 **안 될 것 같은데요**.
- 가 : 번역은 내일까지 할 수 있지요?
  나 : 내용이 많아서 **힘들 것 같은데요**. 모레까지 할 수 있어요.

 배운 표현으로 대화를 만들어 보세요.

1

시간이 있으면
저 좀 도와줄 수 있어요?

치과에 예약이
되어 있어서 지금은
시간이 없을 것 같은데요.

2

지금 점심시간인데
같이 식사하러 갈래요?

선약이 있다.

3

주말에 만나서
과제를 같이 할래요?

아르바이트를 하다.

문장을 만들어 말해 보세요.

감기 / 걸리다 / 외출하다 / 어렵다

배우기 3

학과 점퍼에 대해 토의한다.
나는 디자인이 중요하다. 내 친구는 색깔이 중요하다.
토의에서 내 생각을 분명히 말하고 싶다.
이럴 때 어떻게 말할까?

➔ 저는 ……

–다고 생각하다

- 휴대전화는 기능이 **중요하다고 생각합니다**.
- 예전에 비하면 생활이 **편해졌다고 생각합니다**.
- 팬들과 소통하는 연예인이 많은 인기를 **얻는다고 생각합니다**.

(이)라고 생각하다

- **대학 생활에서 중요한 것은 수업이라고 생각합니다.**

배운 표현으로 대화를 만들어 보세요.

1 • 가 : 온라인 수업을 어떻게 생각합니까?
나 : 저는 ……

시간을 관리하기가 쉬워요

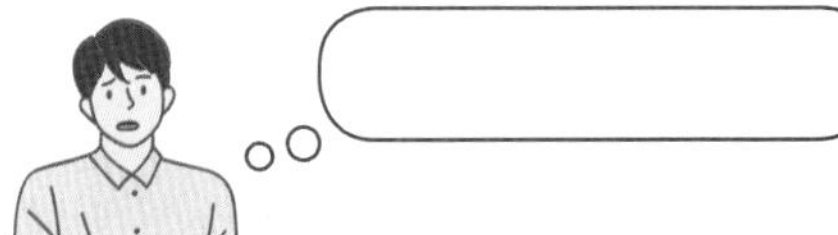

2 • 가 : 성공을 위해 무엇이 제일 중요합니까?
나 : 저는 ……

성실함이에요

문장을 만들어 말해 보세요.

그 말씀/ 회의 주제와 맞지 않다

조별 활동을 해 보았습니까?

1 다음은 조별 활동의 장점입니다.

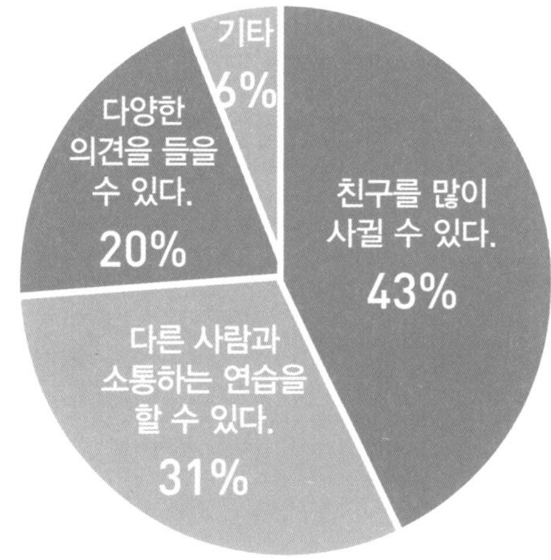

기타
6%
다양한 의견을 들을 수 있다.
20%
친구를 많이 사귈 수 있다.
43%
다른 사람과 소통하는 연습을 할 수 있다.
31%

조별 활동의 장점을 잘 살리기 위해 어떻게 해야 합니까?

조별 활동을 위해 조원들의 역할을 정하려고 합니다. 무슨 역할이 있습니까? 보기를 참고하세요.

보기 발표하는 사람 / 발표 자료를 만드는 사람 / 자료 찾는 사람

1 다음은 토의의 종류입니다.

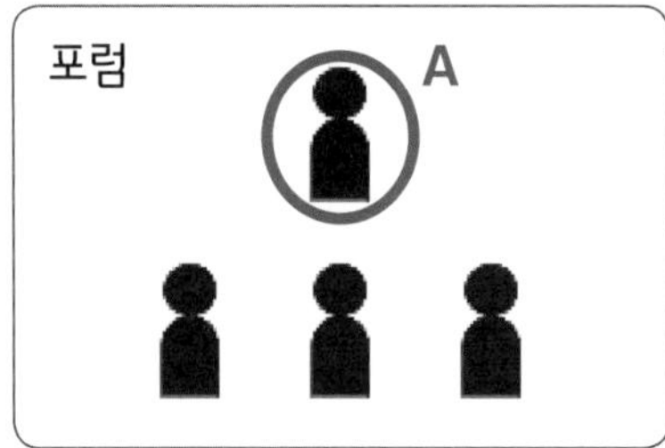

▶ 포럼과 회의의 공통점과 차이점은 무엇입니까?

▶ A의 역할은 무엇입니까?

2 다음은 토의의 순서입니다. 토의의 순서에 맞게 번호를 표시하세요.

순서	토의 과정	예시
1	토의 문제 제시	오늘은 교통 체증 문제의 해결 방안을 마련하고자 합니다.
	최선의 해결안 선택	승용차 10부제를 실시한다면 교통 체증 문제가 해결될 것이라고 생각합니다.
	해결안 제시	승용차 10부제를 시행하면 교통 체증 문제를 해결할 수 있다고 생각합니다.
	실행 방안 모색	승용차 10부제를 시행하는 사람에게 세금을 줄여주면 좋겠습니다.
	토의 문제 분석	도로에 자동차가 많기 때문에 매일 아침 교통 체증이 발생합니다.

1 토의의 주제와 역할을 정하고 싶습니다.

▶ 학생 A, B, C가 되어 토의 주제와 역할을 정하는 대화를 하세요.

▶ 한 사람이 세 번 이상 말해야 합니다.

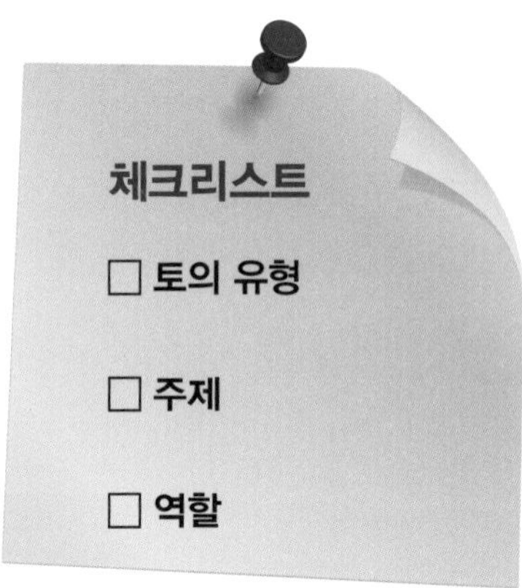

예 우리 조가 토의해야 하는데, 먼저…

과제 1 1 2 3 4

1 토의 주제를 선택할 때 여러분과 생각이 다른 사람이 있습니다. 어떻게 하면 의견을 하나로 모을 수 있습니까?

▶ 의견이 다른 사람을 설득하는 대화를 하세요.

▶ 한 사람이 세 번 이상 말해 보세요.

	나	조원 1
토의 주제	스마트폰 중독에서 벗어나는 방법	건강을 바람직하게 관리하는 방법
이유	주변에서 쉽게 볼 수 있는 문제이기 때문	많은 사람이 관심을 가지고 있기 때문

나

조원 1

과제 2 1 2 3 4

1 다음은 토의 평가의 기준입니다.

	평가 항목	O	X
토의 사회자	• 토의의 방향에 맞게 토의를 잘 진행했는가? • 참가자가 잘 참여하도록 도왔는가? • 토의 안건을 잘 정리하였는가?		
토의 참가자	• 토의에 적극적으로 참가했는가? • 토의 내용이 논리적인가? • 다른 사람의 의견을 존중했는가? • 토의 주제에 맞게 말했는가?		

2 다음 토의를 평가해 봅시다.

우리 동아리의 지출 중에서 무엇을 줄여야 할지에 대해 이야기를 해 보자.
아무래도 비품비를 줄여야 할 것 같은데. 요즘 물건을 너무 많이 샀어.
요즘 물건 값이 너무 올라서 비품비가 많이 나오는 것 같아요. 비품비 대신 간식비를 줄여요.
그래요. 간식은 꼭 필요한 게 아니니까 그것부터 줄여 봐요. 좋은 생각인 것 같아요.

• 토의가 잘 되었습니까? 왜 그렇게 생각합니까?

• 토의가 잘 진행되지 않았습니까? 어떤 문제를 해결해야 합니까?

과제 2 1 2 3 4

1 다음 토의 주제 중 하나를 선택하여 자료를 조사를 합니다.

- 과소비를 줄이는 방법
- 교실에서 휴대전화를 올바르게 사용하는 방법
- 수업을 잘 따라가지 못하는 친구를 도와주는 방법
- 우리의 일상생활에서 일회용품의 사용을 줄이는 방법
- 대학 생활에서 불편한 점과 그것을 해결할 방법

2 위에서 선택한 주제의 자료를 찾는 방법과 자신이 찾은 자료에 대해 조원과 같이 이야기해 봅시다.

자료를 찾는 방법	내가 찾은 자료

3 여러분이 찾은 자료에 대해 조원과 같이 이야기해 봅시다.

▶ 아래의 내용을 보고 이야기해 봅시다.

- 주제와 관련이 있다.
- 근거가 확실하다.
- 편견이 없다.
- ……

1 다음 상황에 맞게 역할을 정하여 토의해 보세요.

- 여러분은 유학생회의 회원입니다.
- 다음 달에 열리는 학교 축제에서 '여러 나라의 전통 옷 입기'체험을 합니다.
- 체험 행사의 홍보 활동 방법에 대해 토의를 하려고 합니다.
- 과제2-1의 평가 기준에 주의하여 토의해 보세요.

체험 행사 홍보 방법

회원 1

예 제 생각에는 …

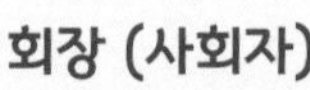

회장 (사회자)

예 각 나라별 전통 옷을 입어보는 행사를 하려고 합니다. 어떻게 홍보를 하면 좋을까요?

회원 2

예 …라는/다는 점에서 …다고 생각합니다.

가장 좋은 의견 선택하기

-
-
-

과제 2 1 2 3 4

1 여러분이 한 토의는 어떻습니까?

내가 제안한 의견이 선택되었습니까? 선택되지 않았습니까?

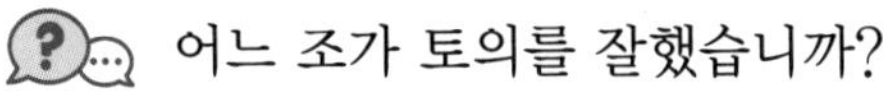

어느 조가 토의를 잘했습니까?

과제2-1의 평가 기준을 보고 발표해 보세요.

2 다른 조의 토의에 대해 질문이 있습니까? 질문하고 대답해 보세요.

질문 1	대답 1

토의할 때 사용하는 표현

▶ 제안할 때

–(으)ㅂ시다.	해결책을 찾읍시다.
–(으)면 좋겠습니다.	휴게실이 생겼으면 좋겠습니다.
–(으)면 어떨까요?	그 의견을 들어 보면 어떨까요?

▶ 이유를 말할 때

왜냐하면 / –기 때문이다.	왜냐하면 니코틴은 마약만큼이나 중독성이 강하기 때문입니다.
그 이유는 / –기 때문이다.	그 이유는 환경 문제가 심각하기 때문입니다.
–(으)면 어떨까요?	그 의견을 들어 보면 어떨까요?

▶ 상대방의 의견에 대해 말할 때

동의할 때	반대할 때
그 의견에 동의합니다.	제 생각은 좀 다른데요.
저도 비슷한 의견인데요.	저는 좀 다른 의견인데요.
저도 그렇게 생각합니다.	저는 (　　　)와/과 생각이 좀 다릅니다.
저도 (　　　)와/과 같은 생각인데요.	저는 (　　)의 의견에 동의할 수 없는데요.

▶ 자신의 의견을 정리할 때

한마디로
정리하자면
간단히 말씀드리자면

정리와 자기 점검

▶ 다음 질문에 ✔로 표시해 봅시다.

질문	네	아니요
• 나는 다른 사람에게 제안할 수 있습니까?		
• 누군가의 부탁을 부드럽게 거절할 수 있습니까?		
• 내가 원하는 것을 말할 수 있습니까?		

▶ 조별 토의에서 역할을 제안해 보세요.

-(으)ㄹ 테니 -는 게 어때?

▶ 친구가 영화를 보자고 했지만 당신은 갈 수 없습니다. 부드럽게 거절해 보세요.

-(으)ㄴ/는/(으)ㄹ 것 같은데요

▶ 학과에서 MT 장소를 정하려고 합니다. 어떤 장소가 좋은지 이야기해 보세요.

-다고 생각하다

4과 최선의 방법

주제 모둠 활동
- 자신의 의견을 주고 받기
- 어떤 주제에 대해 자신의 생각을 말하기

5과
하루는 누구에게나 24시간

주제 대학생의 시간 관리

문법과 표현 (아무리) –아/어도
–는 바람에 –아/어 버리다
–는 대신에 –도록 하다

과제 자신이 시간을 어떻게 활용하는지에 대해 대화하기
자신의 시간 관리 방법에 대해 명언을 활용하여 발표하기

5과
하루는 누구에게나 24시간

1. 여러분은 스스로 바쁘다고 생각합니까?
   왜 그렇게 생각합니까?
2. 자신만의 특별한 시간 관리 방법이 있습니까?

생각거리

여러분은 시간을 관리합니까?

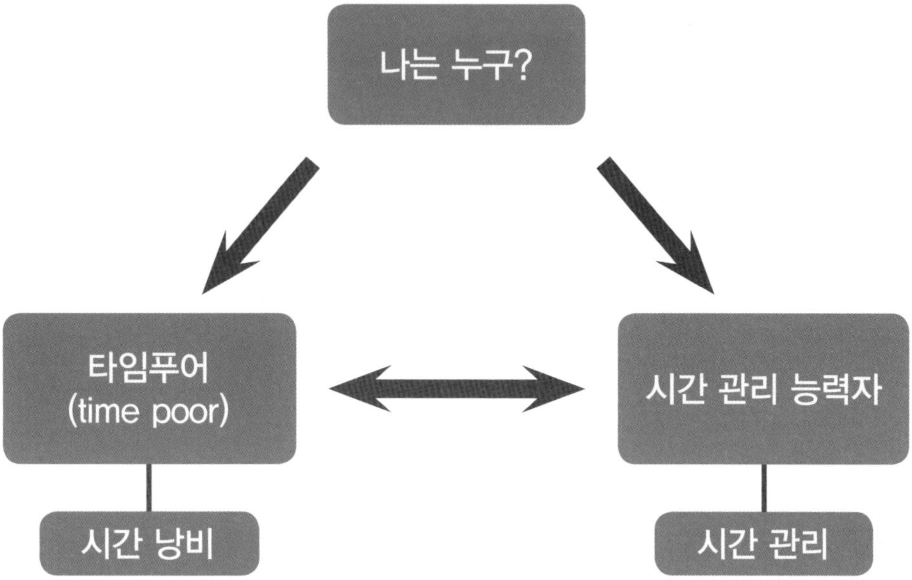

나는 누구?

타임푸어 (time poor) ↔ 시간 관리 능력자

타임푸어 (time poor) — 시간 낭비

시간 관리 능력자 — 시간 관리

이 단원에서 무엇을 배울까?

- 자신의 시간 관리의 문제점을 찾고, 그 이유를 말할 수 있다.
- 일의 중요도와 순서를 판단하여 해결 방법을 제안할 수 있다.

들어가기

- 다음 숫자들은 무엇을 의미할까요?

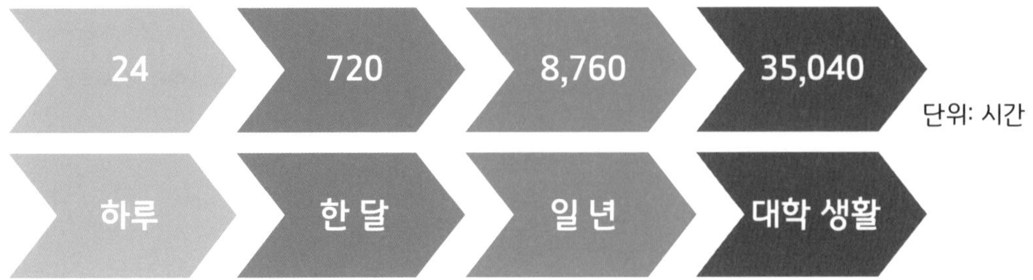

- '내 몸이 2개였으면 좋겠다', '시간이 더 있었으면 좋겠다'라고 생각한 적이 있습니까? 언제 그렇게 느꼈습니까?

- 다음 질문에 답해 보세요.

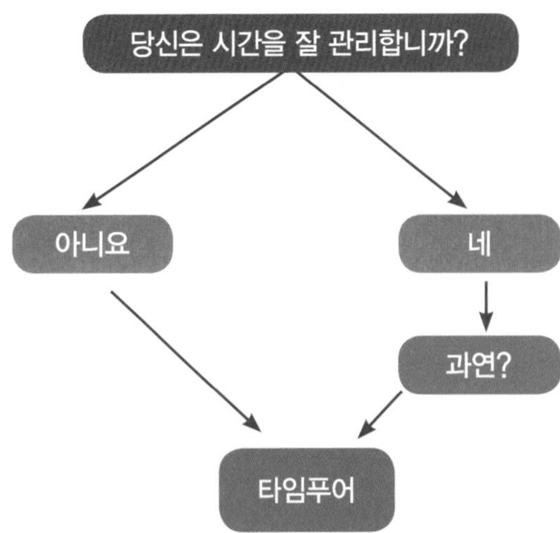

배우기 1

게임을 좋아하는 친구가 수업 중에도
게임을 한다.
이럴 때 어떻게 말할까?

➡ 게임을 아무리 ……

(아무리) –아/어도

- 가 : 미나 씨는 어떤 성격이에요?
  나 : 저는 **아무리 하기 싫어도** 할 일은 하는 편이에요.
- 가 : 너는 **아무리 먹어도** 살이 안 찌는 것 같아.
  나 : 글쎄, 운동을 많이 해서 그런가.

 배운 표현으로 문장을 만들어 보세요.

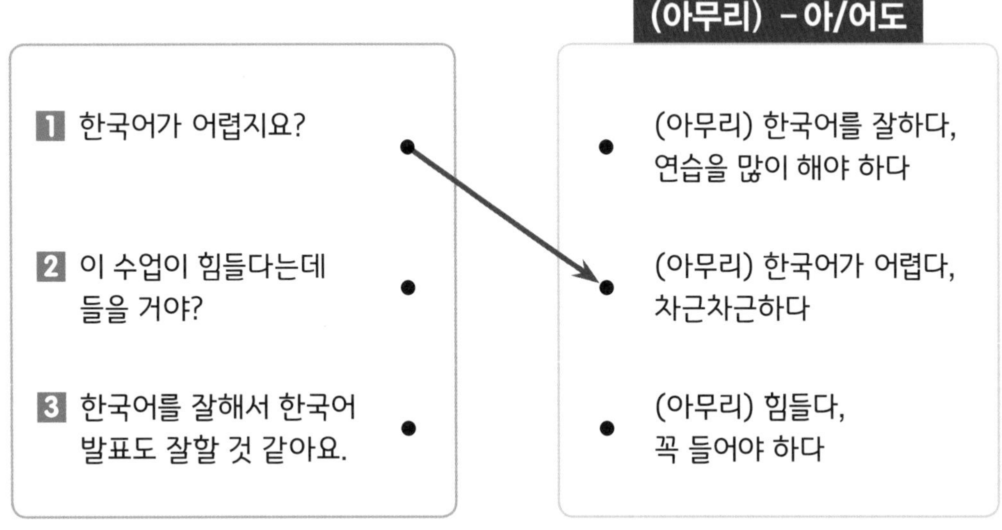

(아무리) –아/어도

1 한국어가 어렵지요?	(아무리) 한국어를 잘하다, 연습을 많이 해야 하다
2 이 수업이 힘들다는데 들을 거야?	(아무리) 한국어가 어렵다, 차근차근하다
3 한국어를 잘해서 한국어 발표도 잘할 것 같아요.	(아무리) 힘들다, 꼭 들어야 하다

문장을 만들어 말해 보세요.

친구 / 아무리 / 말을 걸다 / 수업에 집중하다

배우기 2

늦잠을 자서 학교에 또 늦었다.

이럴 때 어떻게 말할까?

➜ 늦잠을 ……

–는 바람에 –아/어 버리다

- 시간 관리를 제대로 **못하는 바람에** 제일 중요한 일을 **망쳐 버렸어**.
- 메모를 안 **해 두는 바람에** 과제 제출 날짜를 **잊어 버렸어요**.

배운 표현으로 문장을 만들어 보세요.

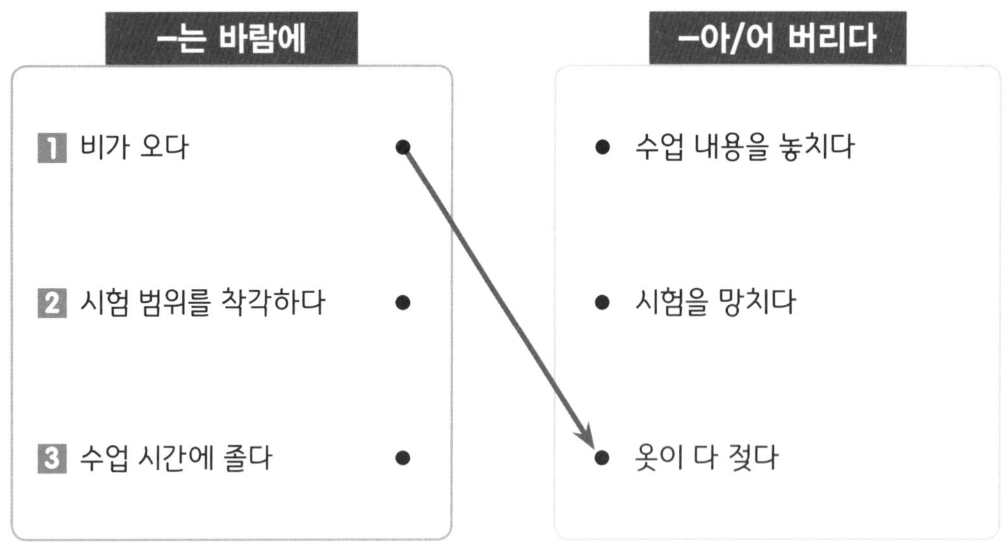

–는 바람에
1 비가 오다
2 시험 범위를 착각하다
3 수업 시간에 졸다
–아/어 버리다
수업 내용을 놓치다
시험을 망치다
옷이 다 젖다

문장을 만들어 말해 보세요.

버스 운행 시간 / 착각하다 / 막차 / 놓치다

배우기 3

친구가 아르바이트를 하느라고 공부를 안 한다.
이 친구에게 아르바이트보다 장학금을 받는 게
좋을 것 같다고 말하고 싶다!
이럴 때 어떻게 말할까?

➡ 아르바이트를 ……

-는 대신에 -도록 하세요

- 이번 방학에는 외국 여행을 **가는 대신에** 국내 여행을 **가도록 하는** 게 어때?
- 새로운 문제를 **푸는 대신에** 틀린 문제를 다시 **풀도록 하세요**.

배운 표현으로 다음을 비교하고 대조해 보세요.

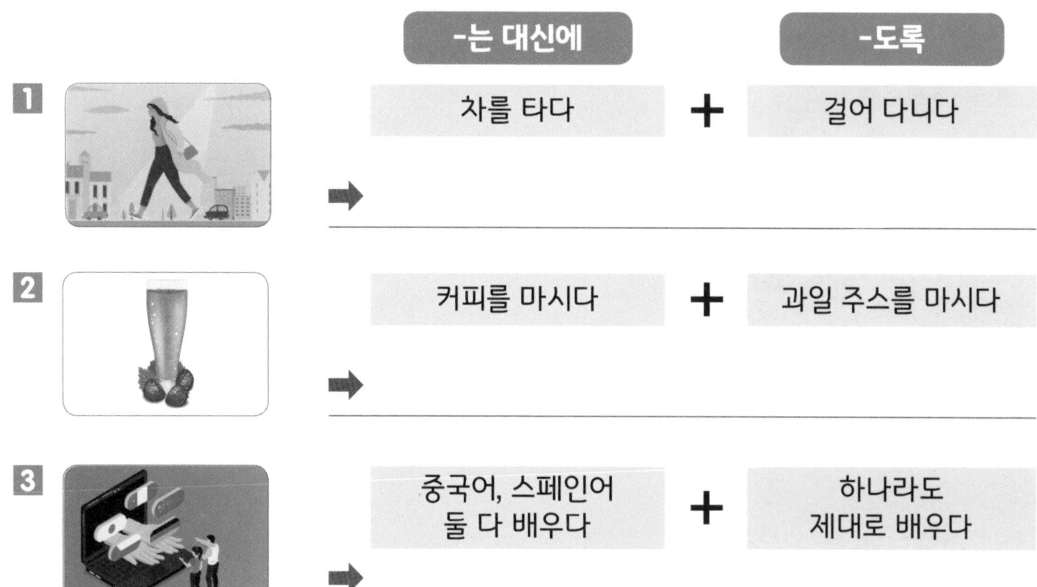

	-는 대신에		-도록
1	차를 타다	+	걸어 다니다
2	커피를 마시다	+	과일 주스를 마시다
3	중국어, 스페인어 둘 다 배우다	+	하나라도 제대로 배우다

문장을 만들어 말해 보세요.

영상으로 한 번 보다 / 직접 가다

과제 1 1 2 3 4

1 다음은 직장인과 대학생들의 시간 활용에 대한 것입니다.

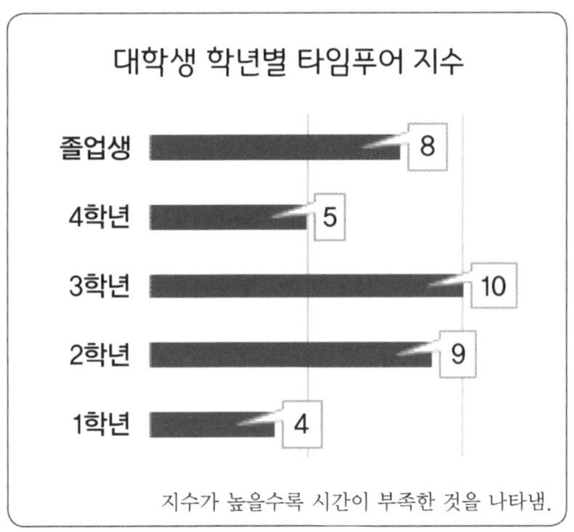

타임푸어(Time Poor)
: 시간이 부족한 사람을 뜻하는 말

'바쁘다! 바빠!'는 수민 씨가 항상 하는 말이다. 공부도 하면서 일도 하는 수민 씨는 스스로도 '타임푸어'라고 생각한다.

직장인과 대학생은 시간을 잘 활용하고 있습니까? 그렇지 않다면 그 이유가 무엇인지 말해 봅시다.

과제 1 1 2 3 4

1 여러분은 '타임푸어'입니까? 언제 그런 생각이 들었습니까? 이유가 무엇입니까?

나는 타임푸어?

이유	결과
예 여자 친구를 매일 만났다.	예 공부를 하지 못했다.

2 위에서 말한 '타임푸어'가 된 이유에 대해 어떻게 생각합니까? 시간을 잘 활용하기 위해서는 어떤 방법이 있습니까?

1 다음 상황을 생각해 보고 상황에 맞게 대화해 보세요.

바빠 보이는 친구에게 이유를 묻는다. → 친구에게 이유를 말한다. → 친구의 이유를 듣고 조언을 해 준다. → 친구에게 조언을 들은 후 대답한다.

상황 1 **A는 B가 무엇을 하느라 바쁜지 궁금하다. B는 점심시간에 밥을 못 먹는 이유를 말한다.**

A 예 오늘도 점심을 안 먹어?

B

지각한 친구에게 이유를 묻는다. → 친구에게 이유를 말한다. → 친구의 이유를 듣고 조언을 해 준다. → 친구에게 조언을 들은 후 대답한다.

상황 2 **A는 오늘 1교시 수업에 지각했다. B는 A가 늦은 이유를 묻고 조언을 한다.**

B

A

과제 1 1 2 3 4

1 친구에게 요즘 어떤 일에 시간을 많이 쓰는지 물어 봅시다.

- 나는 어떤 일에 시간을 많이 보냅니까?
- 친구는 어떤 일에 시간을 많이 보냅니까?

	어떤 일?	하루에 몇 시간?
나		
친구		

그 일에 시간을 많이 쓰는 것이 적절한지 서로 이야기해 봅시다.

- 그 일은 중요한 일이 맞습니까?
- 중요한 일이 아니라면 어떻게 하는 게 좋겠습니까?

	중요한 일?	중요한 일이 아니라면 어떻게 할 것인가?
나		
친구		

이렇게도 말해요

- 컴퓨터 게임을 **하느라고**
- 이것저것 다 **하려다가** 다 **하기는커녕**

과제 2 1 2 3 4

1 다음 표는 일을 구분한 것입니다.

설명에 맞는 일을 친구와 찾아 봅시다.

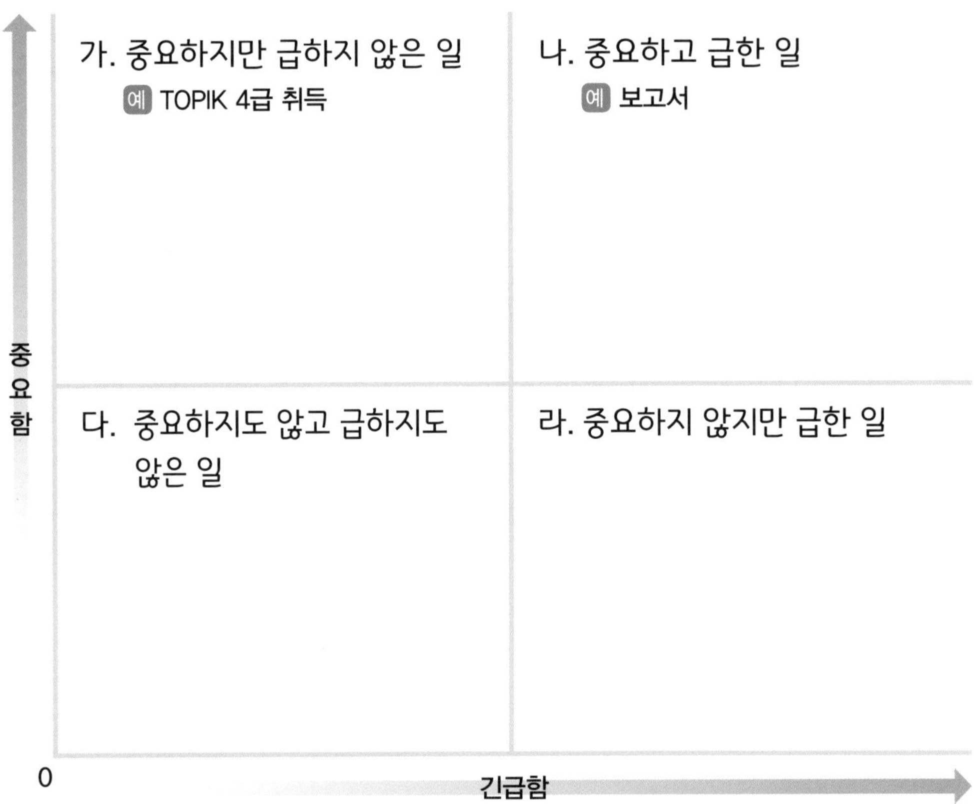

- 자기가 쓴 것을 보고 어떤 생각이 듭니까?
- 지금 나에게 가장 중요한 일은 무엇입니까?
- 나의 미래를 위해서 지금 해야 할 중요한 일은 무엇입니까?

과제 2 1 2 3 4

1 자신이 할 일을 구분해 봅시다.

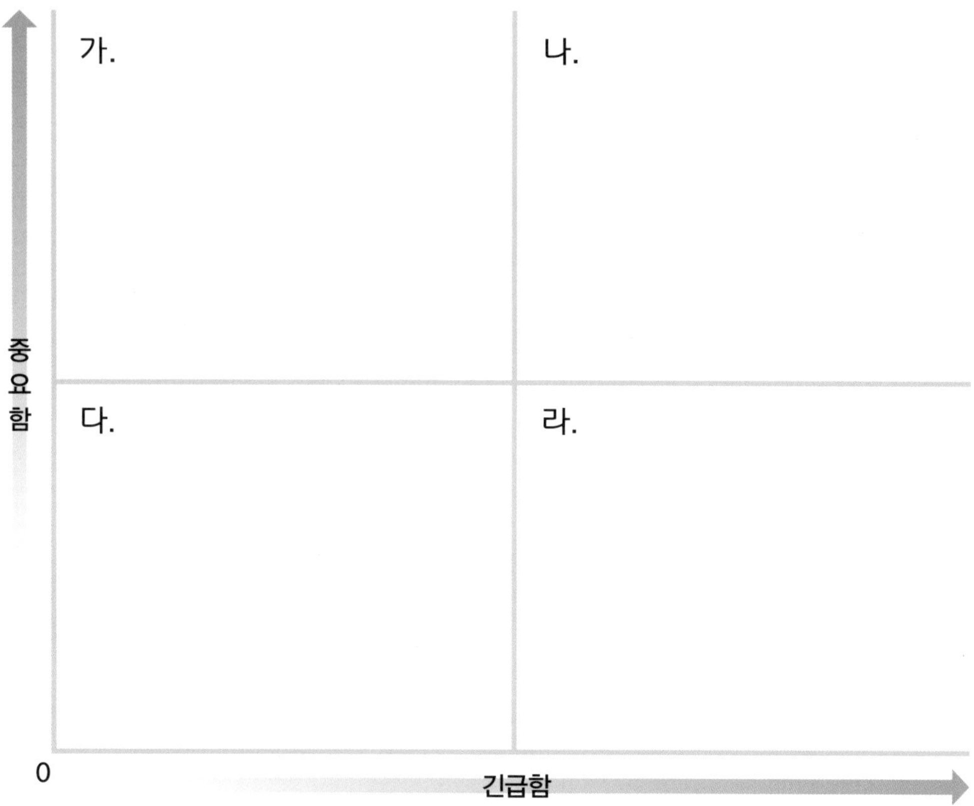

일의 순서를 정해 봅시다.

위 표를 보고 자기 생활에 대해 어떤 생각이 듭니까?

시간 관리와 관련된 명언을 찾아 봅시다.

예 **오늘 할 일을 내일로 미루지 말자.**

과제 2 1 2 3 4

1 자신의 시간을 어떻게 관리할 것입니까? 앞에서 찾은 명언을 인용해서 발표해 봅시다.

TIP
명언을 사용하여 시작하기

'…' 라는 말을 들어 본 적이 있다

시작

중요한 일은 긴급하지 않고,
정작 긴급한 일은 거의 중요하지 않다.

-

중간

-

-

-

끝

-

과제 2 1 2 3 4

1 친구들의 발표를 듣고 요약해 봅시다.

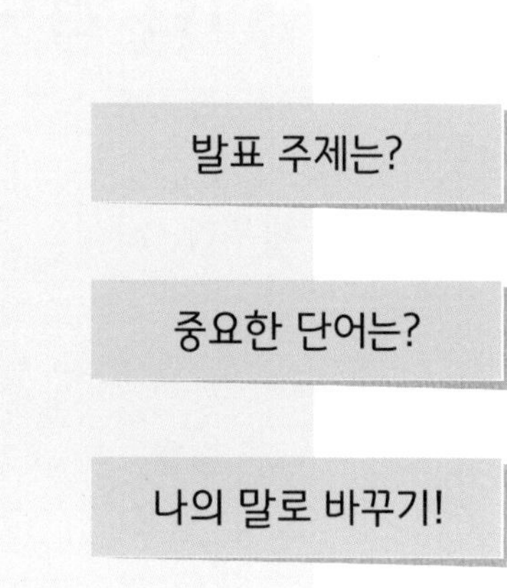

발표 주제는?
중요한 단어는?
나의 말로 바꾸기!

발표한 친구에게 자신의 느낀 점을 말해 봅시다.

유학생활의 단비

시간 관리 전략!

1 계획 세우기

월별
큰 목표

주별
작은 목표

일별
더 작은 목표

2 주의 집중하기

걱정거리 쓰기

• 걱정거리가 자꾸 떠오를 때는 걱정거리를 쓴 다음, 할 일에 집중하기

목표 되돌아보기

• 세운 목표가 너무 크면 좀 더 쉬운 목표로 조절하기

시간 정해 놓기

• 시험을 보는 것처럼 시간을 정해 놓고 계획 실천해 보기

정리와 자기 점검

▶ 다음 질문에 ✔로 표시해 봅시다.

질문	네	아니요
• 나는 평소에 시간을 어떻게 사용하고 있는지 알게 되었습니까?		
• 시간을 제대로 활용하지 못한 이유를 정확히 알게 되었습니까?		
• 시간을 어떻게 효율적으로 활용하는지 알고, 이를 실천할 수 있습니까?		

▶ 한국 드라마가 너무 재미있어서 매일 드라마만 봅니다. 이 사람의 문제점을 말해 보세요.

(아무리) -아/어도

▶ 버스를 놓쳤어요. 그래서 학교에 늦었어요. 지각한 이유를 말해 보세요.

-는 바람에

-아/어 버리다

▶ 친구가 운동을 하고 싶은데 헬스클럽에 갈 시간이 없다고 합니다. 헬스클럽보다 집에서 운동을 하는 게 좋다고 말해 보세요.

-는 대신에

-도록

5과 하루는 누구에게나 24시간

주제 대학생의 시간 관리
- 자신의 시간 관리의 문제점을 찾고, 그 이유를 말하기
- 일의 중요도와 순서를 판단하여 해결 방법을 제안하기

6과
공부에는 왕도가 없다

주제 학업

문법과 표현 -다가
-았/었더니
-다(가) 보면

과제 학업 관련 고민에 대해 대화하기
좋은 성적을 받은 선배를 인터뷰하기

6과
공부에는 왕도가 없다

1 여러분은 대학 공부가 어렵습니까? 어떤 점이 그렇습니까?

2 나만의 공부 방법이 있습니까? 친구에게 소개해 보세요.

생각거리

● 여러분은 어떻게 수업을 듣고 있습니까? ✓로 표시해 봅시다.

수업 전	• 예습하기	
수업 중	• 경청하기 • 메모하기 • 필기하기 • 질문하기	
수업 후	• 복습하기 • 정리하기	

● 여러분의 공부 방법은 어떻습니까? ✓로 표시해 보세요.

질문	네	아니요
1. 노트 정리만 예쁘게 한다.		
2. 공부할 때 집중을 못 한다.		
3. 시험 전날 공부를 시작한다.		
4. 공부를 안 하고 계획만 세운다.		
5. 공부 시작 전 오랫동안 책상 정리를 한다.		

이 단원에서 무엇을 배울까?

- 고민을 듣고 조언할 수 있다.
- 자신의 공부 방법에 대해 소개할 수 있다.

들어가기

같이 공부하기

혼자 공부하기

- 여러분은 공부를 언제, 어떻게 합니까?

  - **언제 공부가 잘 됩니까?**

    □ 아침 □ 낮 □ 저녁 □ 밤 □ 새벽 □ 기타: ____________

  - **어디에서 공부를 합니까?**

    □ 집 □ 도서관 □ 카페 □ 빈 교실 □ 기타: ____________

  - **누구와 공부를 합니까?**

    □ 혼자 □ 친구 □ 선배 □ 기타: ____________

  - **공부를 잘하는 특별한 방법이 있습니까?**

    ____

- 공부를 할 때 모르는 것이 있습니다. 여러분은 어떻게 합니까?

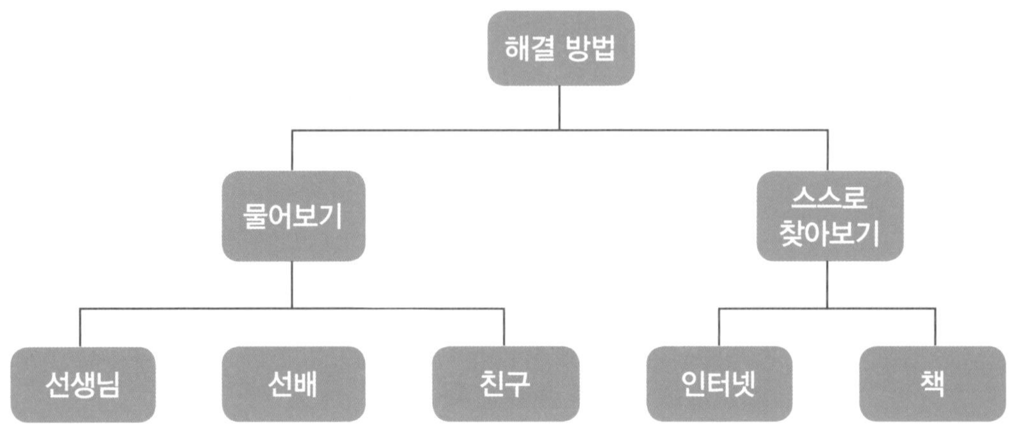

배우기 1

영화를 보는데 너무 재미없었다.
그래서 극장에서 나왔다.
이럴 때 어떻게 말할까

➡ 영화를 ……

-다가

- 어제 공부를 **하다가** 피곤해서 잤어요.
- 축구를 **하다가** 넘어져서 다쳤어요.
- 책을 **읽다가** 재미없어서 안 읽었어요.

무엇이 달라요?

-다가 VS -았/었다가

- 학교에 **가다가** 친구를 만났어요.
- 학교에 **갔다가** 친구를 만났어요.

배운 표현으로 문장을 만들어 보세요.

1

밥을 먹어요

전화를 받아요

2

학교에 갔어요

친구를 만났어요

3

공부했어요

잠이 들었어요

문장을 만들어 말해 보세요.

공부를 하다 / 모르다 / 물어보다

배우기 2

친구가 발표 때문에 걱정을 한다
친구에게 내가 발표 준비를 했던 경험을 말해 주고 싶다.
이럴 때 어떻게 말할까?

➡ 나는 ……

–았/었더니

- 요즘 매일 늦게 **잤더니** 피곤해요.
- 매일 한국 드라마를 **봤더니** 듣기 실력이 좋아졌어요.
- 거울 보고 발표 연습을 **했더니** 자신감이 생겼어요.

무엇이 달라요?

–더니 VS –았/었더니

- 친구가 열심히 **공부하더니** 장학금을 받았어요.
- (내가) 열심히 **공부했더니** 장학금을 받았어요.

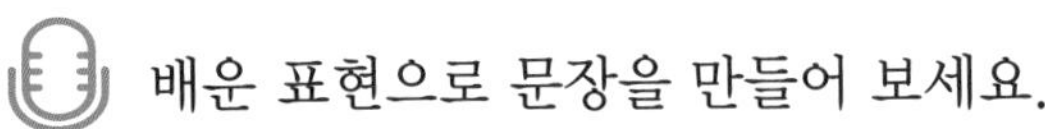

배운 표현으로 문장을 만들어 보세요.

1. 한국 친구, 이야기하다 ➡ 발음, 좋아지다
2. 수업, 열심히, 듣다 ➡ 성적, 올라가다
3. TOPIK 기출문제, 많이, 풀다 ➡ 점수, 오르다

문장을 만들어 말해 보세요.

매일 / 복습하다 / 성적 / 좋아지다

배우기 3

친구가 한국 문화 수업이 이해가 잘 안 된다고 한다.
나는 매일 예습을 많이 했더니 문화 수업이 쉬워졌다.
이럴 때 어떻게 말할까?

➡ 예습을 ……

–다(가) 보면

• 가 : 요즘 수업 시간에 집중이 잘 안 돼요.

나 : 그럼 앞자리에 앉으세요. 가장 앞 줄에 앉아서 수업을 **듣다 보면** 좀 나을 거예요.

배운 표현으로 문장을 만들어 보세요.

고민	조언
1  한국어 듣기가 너무 어려워요.	한국 드라마를 보다
	한국 사람과 자주 이야기하다
2  한국 사람처럼 말하고 싶어요.	한국 예능 프로그램을 보다
	매일 복습을 하다
3  학점을 잘 받고 싶어요.	____________

문장을 만들어 말해 보세요.

수업 후 / 복습하다/ 시험 / 잘 보다

과제 1 1 2 3 4

1 다음은 유학생들의 고민입니다.

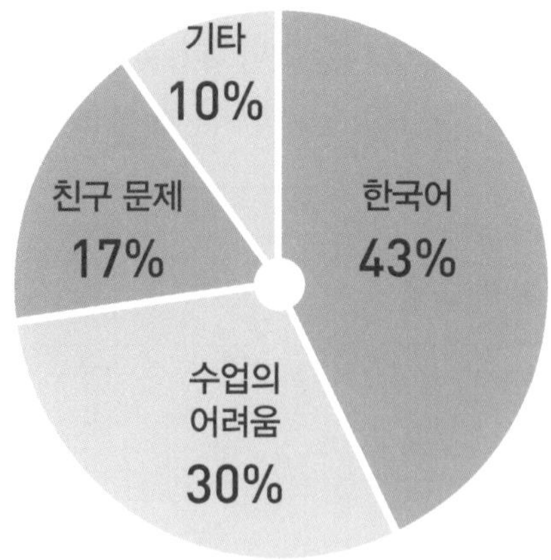

유학생들은 무엇을 고민합니까?

2 다음은 유학생들의 고민 상담 대상입니다.

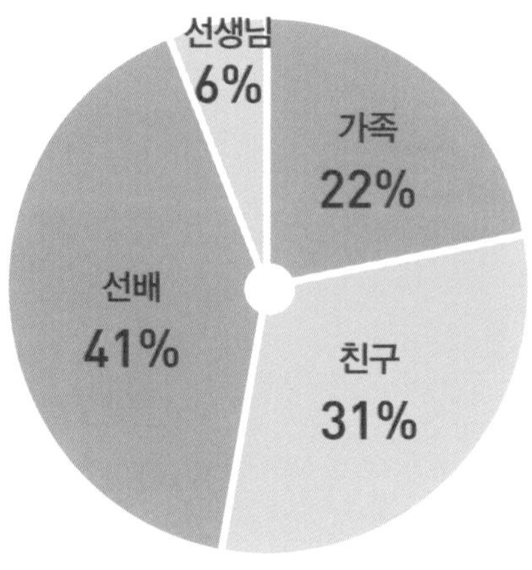

유학생들은 누구에게 고민을 말합니까?

과제 1 1 2 3 4

1 여러분은 대학 생활에 관한 고민이 있습니까? 여러분의 고민은 무엇입니까?

2 다음 고민을 듣고 조언을 해 보세요.

대학교에 입학한 지
일 년이 다 됐어요. 그런데
아직 한국어도 많이 늘지 않고
수업도 따라가기가 힘들어요.

3 다음 문제를 보고 해결 방안을 친구들과 이야기해 보세요.

적성을 생각하지 않고 전공을 선택하였다. → 대학에 입학해 보니 생각과 다르다. → ______

도움 표현

전과: 소속된 학과나 부서에서 다른 곳으로 옮김.

복수전공: 대학에서 2개 이상의 전공을 동시에 공부함.

휴학: 일정 기간 동안 학교를 쉬는 일.

복학: 일정 기간 동안 학교를 쉬었던 학생이 다시 학교에 다님.

편입: 다른 학교에 다시 들어감.

1 대학에서 공부를 할 때 어려운 점에 대해 친구들과 이야기해 보세요.

A

예 **모르는 단어가 너무 많아.**

B

2 친구의 어려운 점을 듣고 조언을 해 주세요.

A

B

과제 1 1 2 3 4

1 여러분의 고민에 대해 이야기해 보세요.

▶ 여러분은 어떤 고민이 있습니까?

▶ 그 고민을 누구에게 이야기를 합니까?

예 저는 요즘 전공 때문에 고민이에요

과제 2 1 2 3 4

1 다음은 OECD 주요국 청소년 공부 시간을 비교한 그래프입니다.

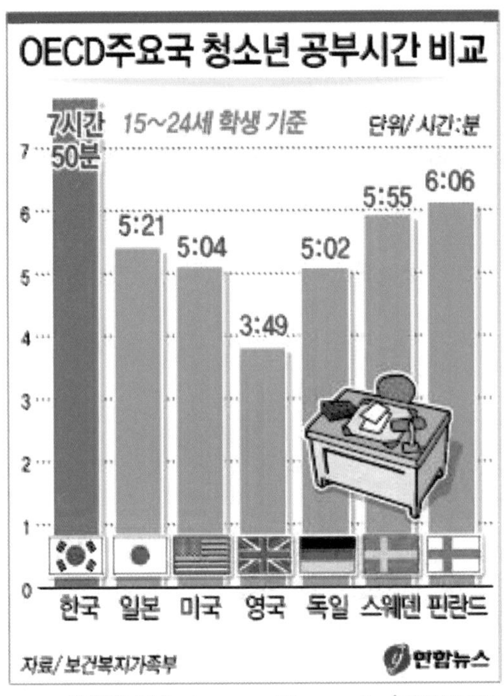

어느 나라 학생이 가장 오래 공부합니까? 어느 나라 학생이 성적이 좋을까요?

오래 공부하면 성적이 오를까요?

여러분 나라는 어느 나라와 비슷합니까?

과제 2 1 2 3 4

1 여러분이 장학금을 받았습니다. 대학 신문사에서 여러분과 인터뷰를 하고 싶어합니다. 어떤 질문을 할까요? 예상 질문을 생각해 보고 대답을 생각해 보세요.

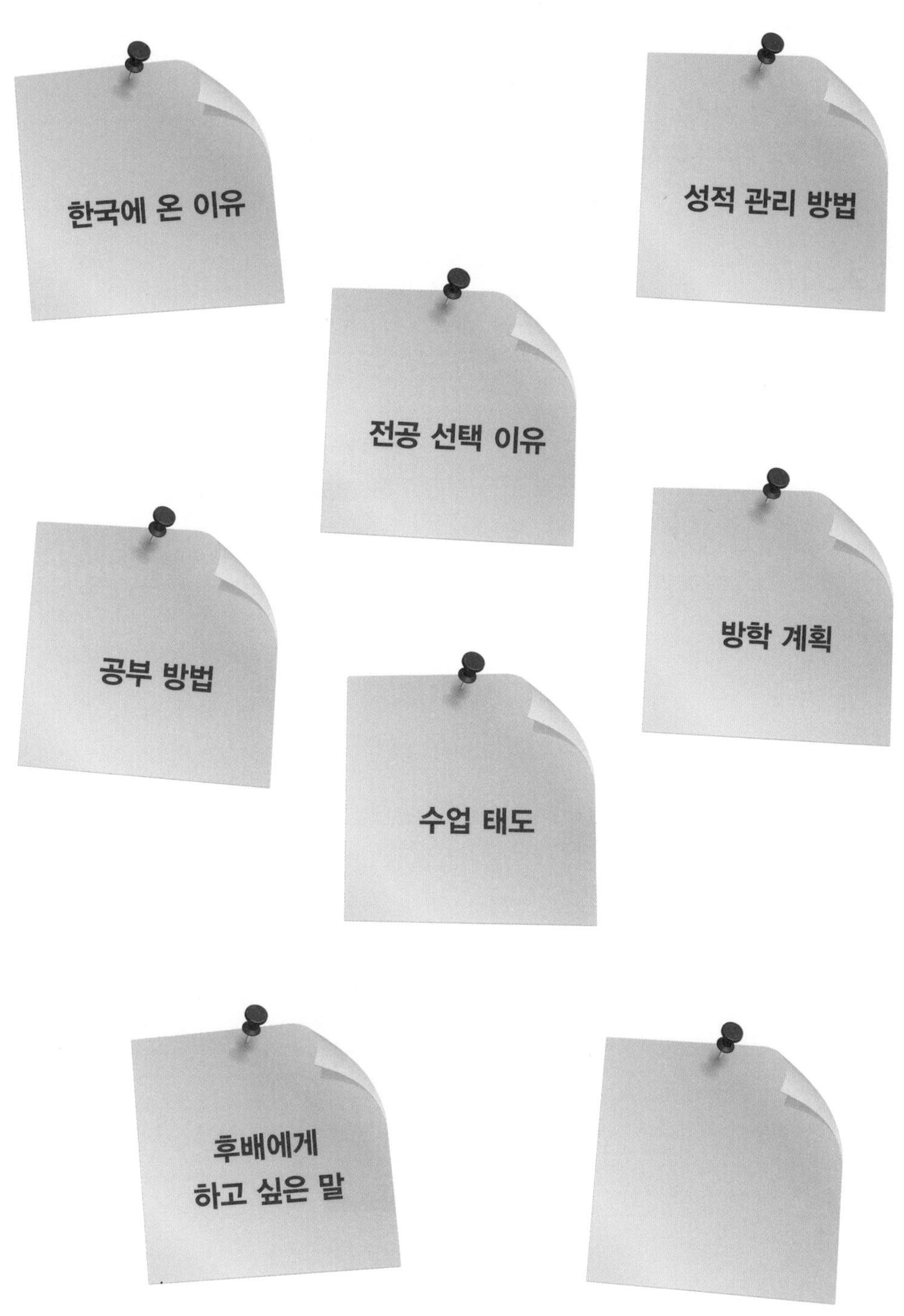

과제 2 1 2 3 4

1 신문사 기자와 유학생이 인터뷰를 합니다. 역할을 나누어 대화를 만들어 보십시오.

A: 신문사 기자
(예상 질문 리스트를 사용하여 질문을 만들어 보세요)

1. ______________________
2. ______________________
3. ______________________
4. ______________________
5. ______________________

B: 장학금을 받은 유학생

1. ______________________
2. ______________________
3. ______________________
4. ______________________
5. ______________________

과제 2 1 2 3 4

1 여러분 선배 중 공부를 잘하는 선배를 찾아가서 직접 인터뷰를 해 봅시다. 여러분이 궁금한 것을 물어보세요.

질문 1. ____________________

질문 2. ____________________

질문 3. ____________________

질문 4. ____________________

질문 5. ____________________

2 인터뷰한 내용을 정리하세요. 그리고 인터뷰 내용을 소개해 보세요.

학습 유형 검사

여러분은 어떻게 학습하고 있습니까? ✔ 로 표시해 보세요.

질문	네	아니요
1. 계획적이다.		
2. 책임감이 있다.		
3. 새로운 것을 쉽게 시작하지 않는다.		
4. 신중하고 계획대로 행동한다.		
5. 규칙을 잘 지킨다.		
6. 체험하는 것을 좋아한다.		
7. 활동적이다		
8. 기분에 따라 생각과 행동이 달라진다.		
9. 말을 하기 전에 행동을 먼저 한다.		
10. 다른 사람과 경쟁하는 것을 좋아한다.		
11. 좋아하면 어렵더라도 끝까지 해낸다.		
12. 토론하는 것을 좋아한다.		
13. 스스로 책을 찾거나 자료를 찾는다.		
14. 논리적이다.		
15. 새로운 것에 호기심이 많다.		
16. 친구, 주변의 반응을 중요하게 생각한다.		
17. 싸움을 싫어한다.		
18. 다른 사람을 돕는 것을 좋아한다.		
19. 감정이 풍부하고 예민하다.		
20. 이상적이다.		

행동형 규범형
탐구형 이상형

Tip: 1~5(규범형), 6~10(행동형), 11~15(탐구형), 16~20(이상형)

정리와 자기 점검

▶ 다음 질문에 ✔로 표시해 봅시다.

질문	네	아니요
• 나의 공부 방법을 다른 사람에게 소개할 수 있습니까?		
• 나의 고민을 친구에게 말할 수 있습니까?		
• 친구의 고민을 듣고 조언을 할 수 있습니까?		

▶ 어제 영화를 보는데 너무 피곤해서 잤습니다. 영화를 끝까지 못 봤습니다.
이 경험을 친구에게 말해 보세요.

-다가

▶ 매일 한국어 단어를 20개씩 외웠습니다. TOPIK 6급에 합격했습니다.
이 경험을 친구에게 말해 보세요.

-았/었더니

▶ 매일 한국 사람과 이야기를 합니다. 시간이 흐르면 말하기 실력이 늘 겁니다.
이것을 친구에게 말해 보세요.

-다가 보면

6과 공부에는 왕도가 없다

주제 학업
- 고민을 듣고 조언하기
- 자신의 공부 방법에 대해 소개하기

7과
만점 받는 시험 준비

주제 대학교의 시험

문법과 표현 이/가 아니라
−(으)면 −(으)ㄹ수록
−더라

과제 시험 관련 문제를 해결하는 방법에 대해 발표하기
시험 준비 방법에 대해 발표하기

7과
만점 받는 시험 준비

1 한국에서 시험을 본 적이 있습니까?

2 여러분 나라의 시험과 다른 점이 있습니까?

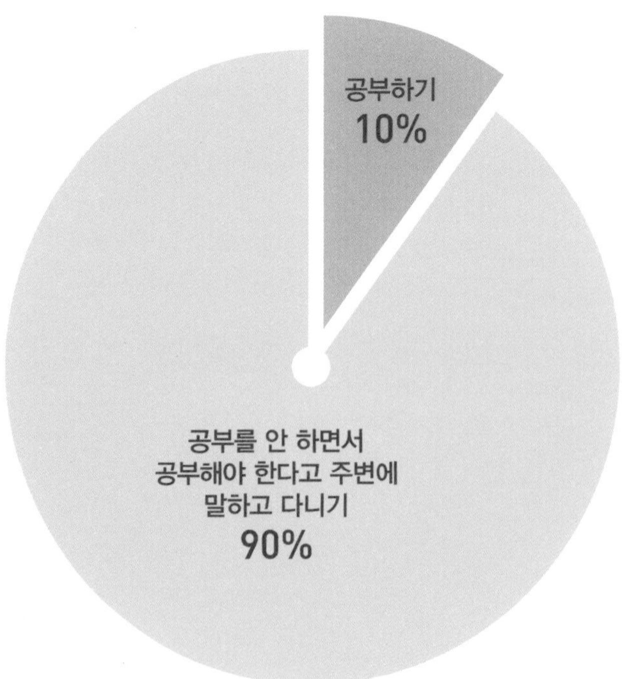

생각거리

- 시험을 준비할 때 무엇을 알아야 할까요?

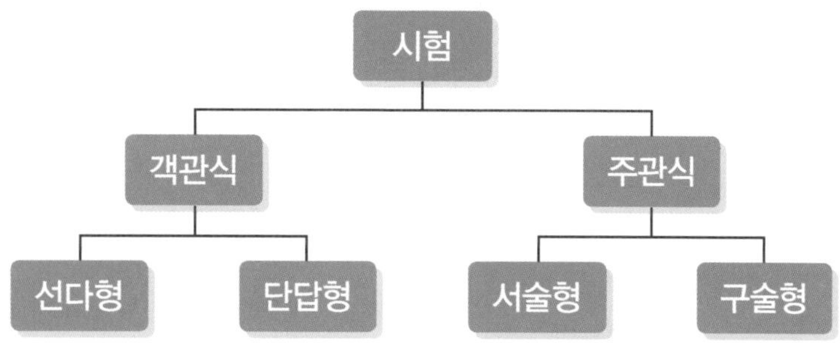

- 시험 유형에 관련된 단어입니다. 〈보기〉에서 찾아 쓰세요.

〈보기〉 **선다형, 단답형, 서술형**

1

※ **[3~4] 다음 밑줄 친 부분과 의미가 비슷한 것을 고르십시오. (각 2점)**

3\. 정부는 일자리를 <u>늘리고자</u> 새로운 정책을 수립했다.

① 늘리자마자　　② 늘리더라도
③ 늘리는 대신　　④ 늘리기 위해

(　　　　　)

2

53\. 다음을 참고하여 '온라인 쇼핑 시장의 변화'에 대한 글을 200~300자로 쓰시오. 단, 글의 제목을 쓰지 마시오. (30점)

전체 매출액: 2014년 46조, 2018년 92조
사용 기기에 따른 매출액: 컴퓨터 32조 → 39조, 스마트폰 14조 → 53조 (2014년, 2018년)
변화 원인: · 온라인으로 다양한 상품 구매 가능 · 쇼핑 접근성 : 스마트폰 > 컴퓨터

(　　　　　)

3

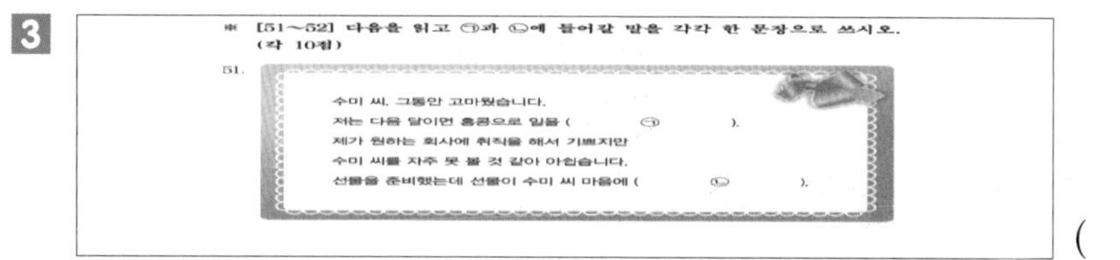
※ [51~52] 다음을 읽고 ㉠과 ㉡에 들어갈 말을 각각 한 문장으로 쓰시오. (각 10점)

51\.

수미 씨, 그동안 고마웠습니다.
저는 다음 달이면 홍콩으로 일을 (　　㉠　　).
제가 원하는 회사에 취직을 해서 기쁘지만
수미 씨를 자주 못 볼 것 같아 아쉽습니다.
선물을 준비했는데 선물이 수미 씨 마음에 (　　㉡　　).

(　　　　　)

(출처 : TOPIK 64회)

이 단원에서 무엇을 배울까?

- 성적에 대한 고민을 말할 수 있다.
- 공부에 대한 경험을 친구에게 말할 수 있다.

들어가기

● 시험이 있습니다. 한국 학생들은 보통 언제부터 시험을 준비합니까?

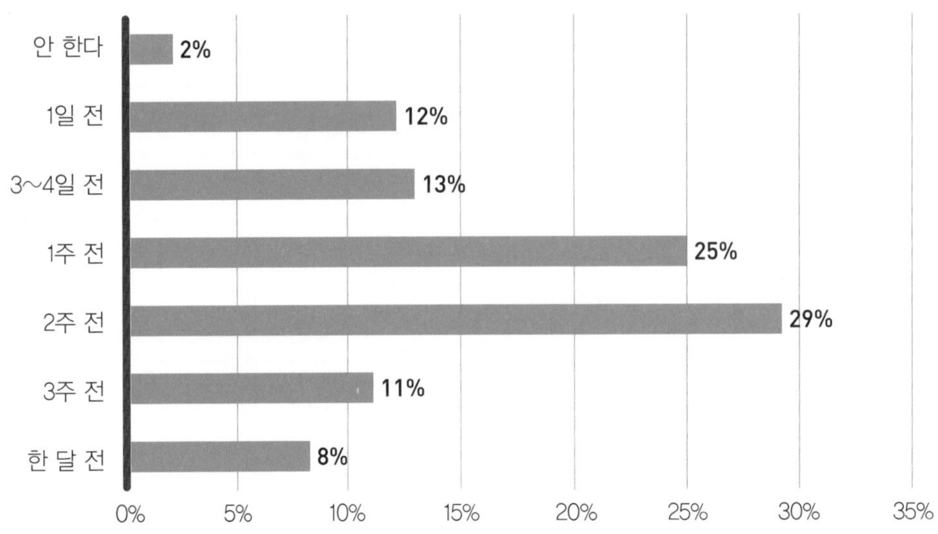

● 다음은 시험 기간의 학생들의 상태입니다. 이 사람은 어떻습니까?

▶ 여러분은 시험 기간에 어떻습니까?

배우기 1

시험 시간이 한 시에서 두 시로 바뀌었다.
친구는 나에게 시험 시간이 한 시라고 한다.
이럴 때 친구에게 어떻게 말할까?

➡ 한 시 ……

이/가 아니라

그게 아니라

- 가 : 약속 장소가 학생식당이 맞아?
  나 : **거기가 아니라** 도서관이야.
- 가 : 우리17일에 만나지?
  나 : **17일이 아니라** 18일이야.

배운 표현을 사용하여 질문에 대한 답을 만들어 보세요.

	X	O
1 시험이 다음 주 수요일이지요?	수요일	목요일
2 시험을 302호에서 보는 게 맞아요?	302호	301호
3 보고서 마감 시간이 8시라고 하셨죠?	8시	12시

문장을 만들어 말해 보세요.

대학 / 공부의 끝(X) / 시작(O)

배우기 2

1년 전부터 한국어를 공부하고 있다.
그런데 점점 더 한국어가 어려워진다.
이럴 때 어떻게 말할까?

➡ 한국어는 ……

–(으)면 –(으)ㄹ수록

- 시험 공부는 **미루면 미룰수록** 더 힘들어져요.
- 잠은 **자면 잘수록** 더 잠이 와요.

 배운 표현으로 상황에 적절한 표현을 찾아 대답해 보세요.

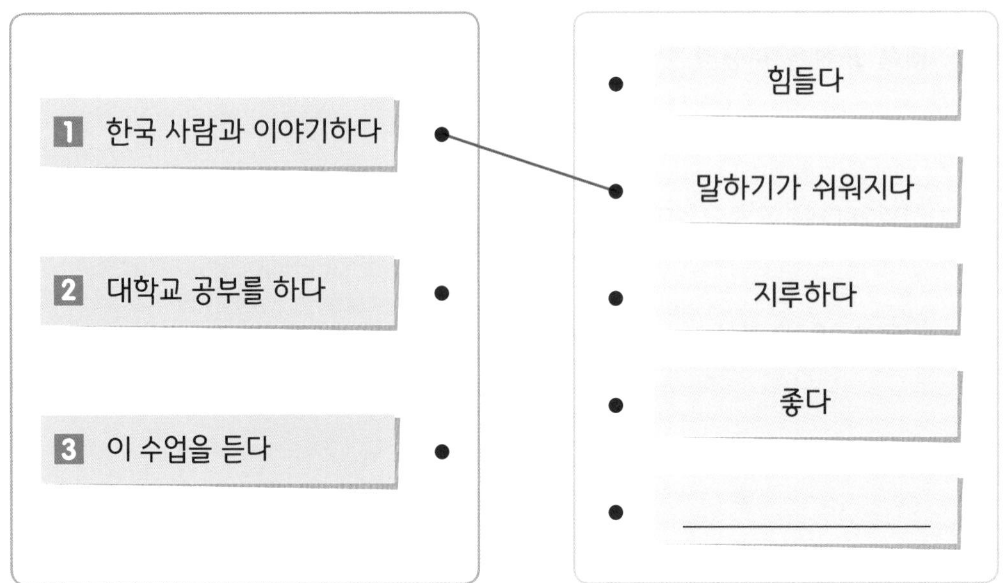

1 한국 사람과 이야기하다
2 대학교 공부를 하다
3 이 수업을 듣다

- 힘들다
- 말하기가 쉬워지다
- 지루하다
- 좋다
- ________________

문장을 만들어 말해 보세요.

한국 친구 / 많다 / 좋다

배우기 3

도서관이 시험 공부하기에 좋았다.
친구에게도 이 사실을 알려주고 싶다.
이럴 때 친구에게 어떻게 말하면 좋을까?

➡ 도서관이 ……

-더라

- 떡볶이가 아주 맵지만 **맛있더라**.
- 오랜만에 보니 흐엉이 한국어 실력이 많이 **늘었더라**.

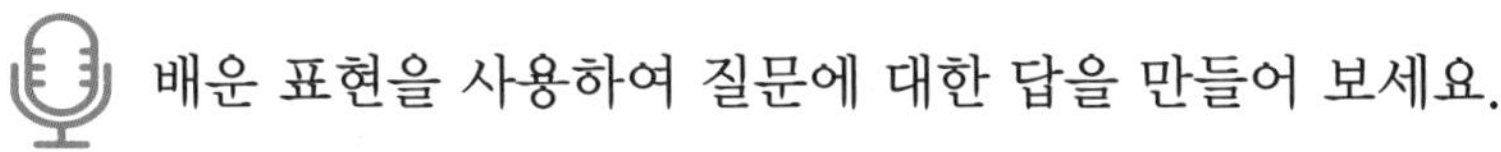

배운 표현을 사용하여 질문에 대한 답을 만들어 보세요.

1 가 : 오늘 이 교수님을 처음 만났지? 어땠어?

나 : ______________________________

엄격해 보였어.

2 가 : '한국 사회의 이해' 수업이 어때?

나 : ______________________________

재미있지만 어려워.

3 가 : 도서관에서 공부하는 게 어때?

나 : ______________________________

시험 기간이라 도서관에 사람이 많아.

문장을 만들어 말해 보세요.

한국 학생들 / 2주 전부터 / 시험 / 준비하다

과제 1 1 2 3 4

1 다음은 시험 방해 요인입니다.

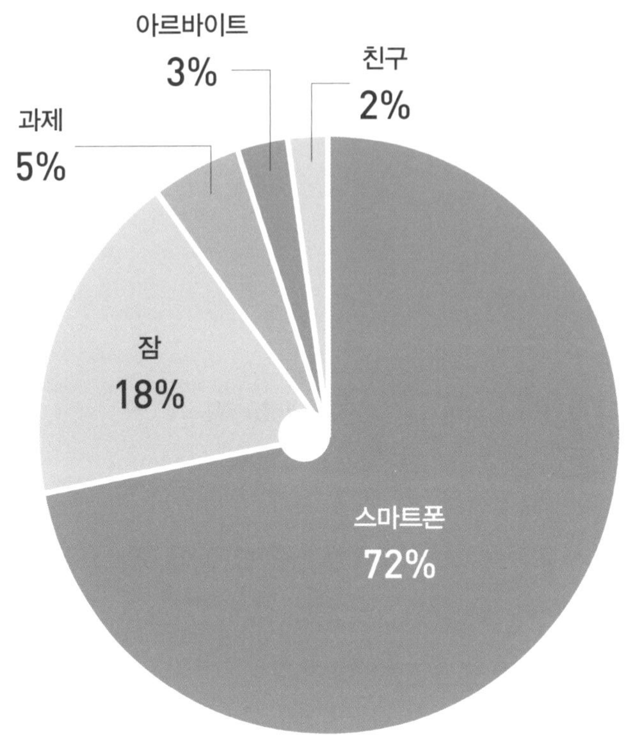

위 그래프에서 시험 기간에 가장 방해가 되는 것은 무엇입니까?

여러분은 어떻습니까? 여러분의 경험을 친구들과 이야기해 보세요.

과제 1 1 2 3 4

1 여러분은 시험을 보기 전에 무엇이 궁금했습니까?

2 시험 기간에 자유게시판에 올라온 글입니다. 여러분이 답을 해 보세요.

› 대학생활 › 커뮤니티 › 자유게시판

자유게시판

PRINT

총 **166**건 현재 페이지 **1/12**

내글목록 | 내댓글목록

NO	제목	글쓴이	등록일	조회
1571421	한국에서는 시험 볼 때 연필로 써도 돼요?	b0gyeong	2020-08-17	0
1571420	한국에서 숫자를 쓸 때 우리 나라와 달라서 너무 어려워요.	b0gyeong	2020-08-17	2
1571419	한국 시험 문제는 번호의 위치가 달라서 실수했어요. 어떻게 해야 돼요?	b0gyeong	2020-08-17	0
1571418	오늘 시험이 있는데 늦게 일어났어요. 지금 가도 돼요?	b0gyeong	2020-08-17	1
1571417	중국과 정답을 체크하는 방법이 다른 것 같아요. 어떻게 하죠? ㅜㅜ	b0gyeong	2020-08-17	1
1571416	실용한국어회화(1) 시험 공부 어떻게 해요?	b0gyeong	2020-08-17	4
1571415	첫 시험이에요. 무엇을 주의해야 해요?	b0gyeong	2020-08-17	4
1571414	시험을 언제 봐요? 어디에서 봐요?	이응x3	2020-08-17	4

과제 1 1 2 3 4

1 다음 문제를 보고 해결 방안을 친구들과 이야기해 보세요.

문제 1
대학교에서 치르는 첫 시험이다.
대학교 시험은 어떻게 준비하지?

해결 방법

문제 2
시험 기간이다.
그런데 아르바이트를 해야 한다.

해결 방법

문제 3
두 과목의 시험 시간이 같다.
어떻게 해야 하지?

해결 방법

문제 4
내일 시험이다. 공부를 못 했다.
잠도 자고 싶다. 어떻게 하지?

해결 방법

위의 상황 중 하나를 선택해서 대화를 만들어 보세요.

과제 1 1 2 3 4

1 한국에서 시험을 준비하면서 무엇 때문에 힘들었습니까? 그때 어떻게 했습니까?

2 발표 개요문을 만들어 발표를 해 보세요.

시작	• 인사 • 주제 소개	• 안녕하십니까? 저는 오늘 발표를 맡은 OOO 학과 OO학번 OOO입니다. • ________________ • 저는 오늘 _____에 대한 발표를 하려고 합니다. • ________________
가운데	• 문제점 • 해결 방법 • ________________	• 현재 _____와/과 같은 어려움이 있습니다. • 이 문제를 해결하기 위한 방법으로는 여러 가지가 있습니다. • 우선, 그다음에, 마지막으로 • 아까 살펴본 바와 같이 • ________________
끝	• 요약 정리 • ________________	• 이상으로 ________에 대해서 살펴보았습니다. 지금까지의 내용을 정리해 보면 ________________ • ________________

도움 표현

발표하기 전에 어떻게 해야 할까?

1. 충분한 조사와 준비하기
2. 이미지 트레이닝 후 발표하기

과제 2 1 2 3 4

1 다음은 국가별 선호하는 시험 유형입니다.

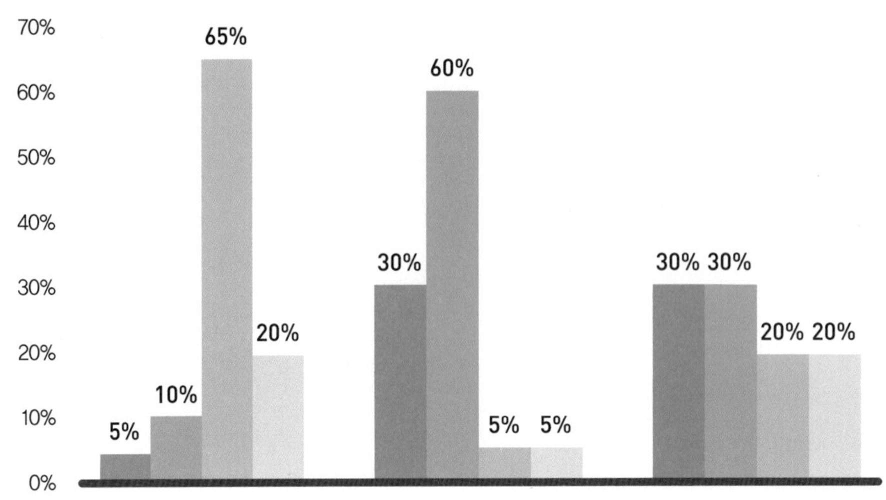

	한국	프랑스	미국
■ 구술형	5%	30%	30%
■ 서술형	10%	60%	30%
■ 선다형	65%	5%	20%
■ 단답형	20%	5%	20%

여러분 나라에서는 시험을 어떻게 봅니까? 여러분은 어떤 유형의 시험을 좋아합니까? 왜 그것을 좋아합니까?

과제 2 1 2 3 4

1 한국에서 시험을 처음 봤을 때 무엇이 어려웠습니까? 친구와 이야기해 보세요.

2 왜 어려웠습니까? 친구와 이야기해 보세요.

3 한국에서 시험을 잘 보려면 어떻게 해야 할까요? 친구들과 방법을 찾으세요.

과제 2 1 2 3 4

1 지난번 시험을 몇 과목 봤습니까? 시험을 어떻게 준비했습니까? 그 결과는 어땠습니까?

2 다음 시험을 준비하려고 합니다. 자신의 과목별 시험 준비 방법을 계획해 보세요.

	과목 : ________	과목 : ________	과목 : ________
시험 유형			
어려웠던 점			
시험 준비 방법			

3 자신만의 시험 준비 방법을 발표해 보세요.

과제 2 1 2 3 4

1 친구들의 발표를 듣고 유형별 시험 준비 방법을 정리해 보세요.

선다형	단답형	서술형	구술형
-	-	-	-
-	-	-	-

2 친구들의 발표를 듣고 자신이 알고 있는 것과 다른 점이나 새롭게 알게 된 것을 이야기해 보세요.

TIP! 시험 유형별 전략

- 선다형: 확실히 틀린 답을 먼저 빼기
- 단답형: 배운 내용에서 목표어, 핵심어를 찾아보기
- 서술형: 1. 중간, 중간에 시간을 체크하고 전체적인 개요를 먼저 쓰기
  2. 시작, 중간 끝에 들어갈 중요한 단어를 쓰고 논리적으로 쓰기

시험 전략

시험 준비하기

- 약 2주 전부터 준비하기
- 시험 계획은 구체적으로 세우기
- 시험에 대해 파악하기 (일시, 장소, 시험 범위)
- 시험 유형 정확하게 파악, 공부해야 할 분량과 시간 계획하기
- 시험에 대한 많은 정보를 수집하기 (교수님, 선배들에게 질문하기)
- 친구들과 연습 시험지 만들어서 모의 시험 보기

시험보기

- 적어도 5분 전에는 시험장에 도착하기
- 시험에 필요한 준비물을 잘 챙기기 (학생증, 볼펜 등)
- 시험지를 받으면 전체 훑어보기
- 문제 수 / 배점 / 시험지 면수 확인하기

여러 가지 문제 유형과 표현 방식

맞는 것을 고르는 문제 유형

- 알맞은 것을 고르시오.
- 바람직한 것을 고르시오.
- 옳은 것을 고르세요.
- 가장 가까운 것을 고르세요.

틀린 것을 고르는 문제 유형

- 틀린 것을 고르시오.
- 바르지 않은 것을 고르시오
- 알맞지 않은 것을 고르세요.
- 일치하지 않는 것을 고르세요.

정리와 자기 점검

▶ 다음 질문에 ✔로 표시해 봅시다.

질문	네	아니요
• 나의 고민을 친구에게 이야기할 수 있습니까?		
• 잘못된 정보를 수정할 수 있습니까?		
• 친구와 새로운 정보를 교환할 수 있습니까?		

▶ 퀴즈는 11월 20일입니다. 그런데 친구가 11월 21일로 알고 있습니다. 친구에게 이 사실을 말해 보세요.

이/가 아니라

▶ 처음에 취미로 한국어를 배울 때 한국어가 재미있었습니다. 지금 대학교에서 한국어를 배우는데 한국어가 더 재미있습니다. 이것을 친구에게 말해 보세요.

-(으)면 -(으)ㄹ수록

▶ 도서관에 처음 가 봤는데 책이 정말 많았습니다. 이 사실을 친구에게 말해 보세요.

-더라

7과 만점 받는 시험 준비

주제 대학교의 시험
- 성적에 대한 고민 말하기
- 공부에 대한 경험을 친구에게 말하기

8과
나의 적성

주제 진로 설계

문법과 표현 -(으)ㄹ 걸 그랬다
-(으)ㄴ/는 탓에
(아무리) -(으)ㄹ지라도

과제 후회하는 일에 대해 대화하기
면접 상황에서 자신의 강점과 가치관 말하기

8과
나의 적성

1 졸업을 하면 무슨 일을 하고 싶습니까?

2 적성에 대해 생각해 본 적이 있습니까?

3 내가 좋아하는 일, 잘하는 일에 대해 알고 있습니까?

생각거리

여러분은 어떤 사람입니까? ✓로 표시해 봅시다.

나는?	네	아니요
1. 나는 화를 잘 내지 않는다.		
2. 나는 종종 다른 사람들이 부럽다.		
3. 나는 모임에서 리더가 되는 것이 좋다.		
4. 나는 사람들을 만나는 것을 좋아한다.		
5. 나는 다른 사람들의 기분을 잘 살핀다.		
6. 나는 보통 사람들과 대화를 할 때 먼저 말한다.		
7. 나는 다른 사람들에게 나를 소개하는 것이 즐겁다.		
8. 나는 사람들과 생각이 다를 때 내 생각을 잘 말한다.		
9. 나는 다른 사람들과 생각이 달라도 신경 쓰지 않는다.		
10. 나는 하루에도 몇 번씩 기뻤다가 슬펐다가 기분이 잘 바뀐다.		

• '네'가 8개 이상 : 주도형 • 5개~7개 : 사교형 • 3개~4개 : 안정형 • 1개~2개 : 신중형

나는 어떤 유형입니까? 확인해 보세요.

"이 일은 우리가 반드시 합니다!"

"매일 다양한 사람들과 만나는 게 즐거워."

"저는 모든 사람이 만족하는 게 좋아요."

"이 일이 어떤 영향을 미칠까요? 분석해 봅시다!"

이 단원에서 무엇을 배울까?

- 자신의 학창 시절을 소개할 수 있다.
- 진로를 설계하고 실현하는 방법에 대하여 말할 수 있다.

들어가기

- 지금 가장 후회되는 일이 있습니까? 어떤 일이 후회됩니까?

- 타임머신을 타고 다시 고등학생이 된다면 무엇을 해보고 싶습니까?

배우기 1

다음 주에 중요한 시험이 있는데
미리 준비를 안 했어.
그걸 후회할 때 어떻게 말할까?

➡ 시험을 미리 ……

–(으)ㄹ 걸 그랬다

- 미리 진로를 **정할 걸 그랬어**.
- 비행기표를 일주일 전에 **살 걸 그랬어**.
- 어렸을 때 외국어 하나라도 **배워둘 걸 그랬다**.

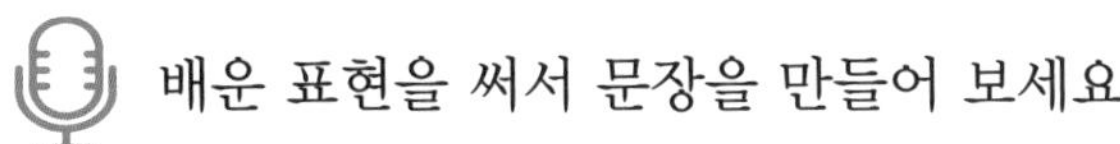

배운 표현을 써서 문장을 만들어 보세요.

내가 후회하는 것

1. 신입생 때 동아리에 가입하지 않았다.

____

2. 미술을 전공하지 않았다.

____

3. 복수 전공을 신청하지 않았다.

____

문장을 만들어 말해 보세요.

전공/ 선택하다 / 미리 알아보다

배우기 2

오늘 과제를 제출해야 하는데
과제를 집에 두고 왔어.
이럴 때 어떻게 말할까?

➡ 과제를 ……

–(으)ㄴ/는 탓

- 버스가 제때 안 **온 탓에** 지각했어요.
- 학생증을 **두고 온 탓에** 도서관에서 책을 빌리지 못했어요.
- 시험 전에 많이 **긴장한 탓에** 실력만큼 시험을 보지 못했어.

배운 표현으로 다음을 비교하고 대조해 보세요.

1 문제를 잘못 읽다 | 시험을 못 보다

➡

2 밤에 많이 먹다 |

➡

3 | 전기 요금이 많이 나오다

➡

문장을 만들어 말해 보세요.

시간 / 부족하다 / 보고서 / 대충하다

배우기 3

꿈을 이루는 것이 어렵지만
언젠가는 꼭 이루고 말 테야!
이런 마음을 말하고 싶을 때는 ……

➡ 아무리 ……

(아무리) -(으)ㄹ지라도

- **아무리** 돈이 **많을지라도** 떨어진 동전은 주워야지!
- 이게 지금은 필요 없어 **보일지라도** 언젠가는 필요할 거예요.
- 갈 길이 **멀지라도** 계속 가다 보면 끝이 보이는 법이에요.

배운 표현으로 문장을 만들어 보세요.

(아무리) -(으)ㄹ지라도

1. 
포기 X
전공 공부가 어렵다, 포기하다

2. 
책이 많다, 읽지 않으면 소용없다

3. 
반말 X
나보다 어려 보이다,
처음 보는 사람한테 반말하다

문장을 만들어 말해 보세요.

음식 / 맛있다 / 너무 많이 / 먹지 말다

과제 1 1 2 3 4

1 직장인들 대다수가 학창 시절을 후회합니다.

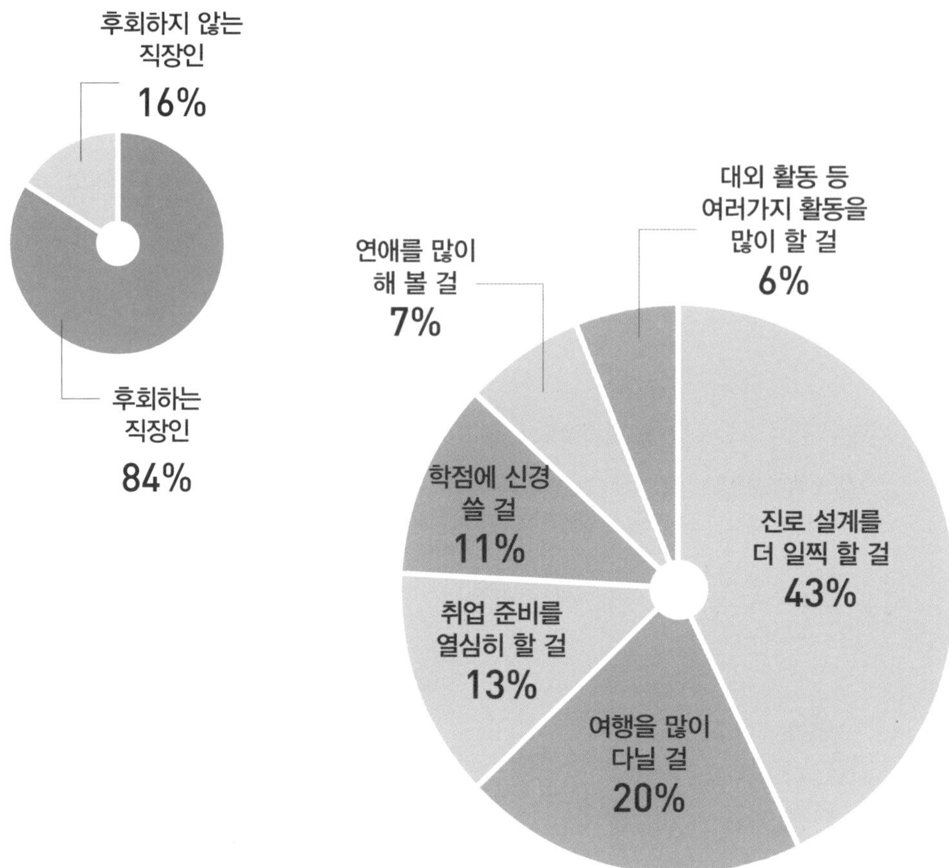

무엇을 후회합니까? 친구와 이야기해 보십시오.

과제 1 1 2 3 4

1 여러분은 한국 생활을 잘하고 있습니까?
혹시 후회하는 일이 있습니까?

2 이번 학기 동안 한국어를 배우면서 후회하는 게 있습니까? 무엇을 후회합니까?

그때

무엇을	그때 …할 걸
예 다른 경험을 못했다	예 동아리에 가입할 걸
• 놀기만 했다	•
•	•
•	•
•	•
•	•
•	•
•	•
•	•
•	•

1 후회하는 일에 대해 친구와 함께 이야기해 보세요.

A

B

예 학교 다닐 때 외국어를 공부할 걸 그랬어.

예 나도 외국어를 공부할 걸 그랬어.

2 어떻게 하면 후회를 반복하지 않을지 이야기해 보세요.

A

B

과제 1 1 2 3 4

1 세대별로 무엇을 후회합니까? 친구와 이야기해 봅시다.

	20대	30대	60대
1			
2	엄마 말 좀 들을 걸		
3	친구랑 싸우지 말 걸	진로를 미리 설계할 걸	

▶ 20대에는 무엇을 많이 후회합니까?

▶ 20대 1위는 ______ 입니다.

30대 1위는 ______, 30대 2위는 ______ 입니다.

60대는 무엇을 많이 후회합니까? 후회하는 말로 이야기해 봅시다.

예 **여행을 많이 다닐 걸 ……**

과제 2 1 2 3 4

1 다음 표를 보고 이야기해 보십시오

S.W.O.T. 분석

강점(Strength)	약점(Weakness)
예 성실함	예 부족한 외국어 능력
기회(Opportunity)	**위기(Threat)**
예 대학 1학년인 신분	예 취업난

MEMO

- 유학생의 강점은 무엇입니까?
- 유학생의 약점은 무엇입니까?
- 유학생에게 어떤 기회가 있습니까?
- 앞으로 어떤 위기가 있겠습니까?

과제 2 1 2 3 4

1 나는 졸업 후에 무슨 일을 하고 싶습니까?

그 일을 하는 데 나의 강점과 약점은 무엇입니까?

강점(Strength)	약점(Weakness)

여러분에게 어떤 기회와 위기가 있습니까?

기회(Opportunity)	위기(Threat)

위 약점 때문에 하고 싶은 일을 포기하겠습니까?

포기하지 않는다면 어떻게 해야 합니까?

과제 2 1 2 3 4

1 모의 면접을 해 봅시다.

면접관이 나에게 어떤 질문을 할까요?

질문 1. ______________________________

2. ______________________________

3. ______________________________

면접관에게 자기를 보여 줄 수 있는 말로 첫인사를 해 봅시다. 한두 문장으로 자기를 표현해 봅시다.

안녕하십니까?
저는 (   )입니다.

예 **저는 한국어로 꿈을 꾸는 할리입니다.**

과제 2 1 2 3 4

1 나에 대해서 잘 알고 있습니까? 다음 항목에 대해 이야기해 보세요.

가치	나에게 소중한 것	관련 직업
능력	내가 잘하는 것	관련 직업
흥미	내가 좋아하는 것	관련 직업

2 이번 학기를 잘 보냈습니까?

대학 생활에서 방학은 아주 중요한 시간입니다.

- ▶ 방학 때 특별한 계획이 있습니까?
- ▶ 이번 방학 때 무엇을 할 겁니까?

방학 활동 계획

유학생활의 단비

면접 전략!

● 면접 때 많이 나오는 질문

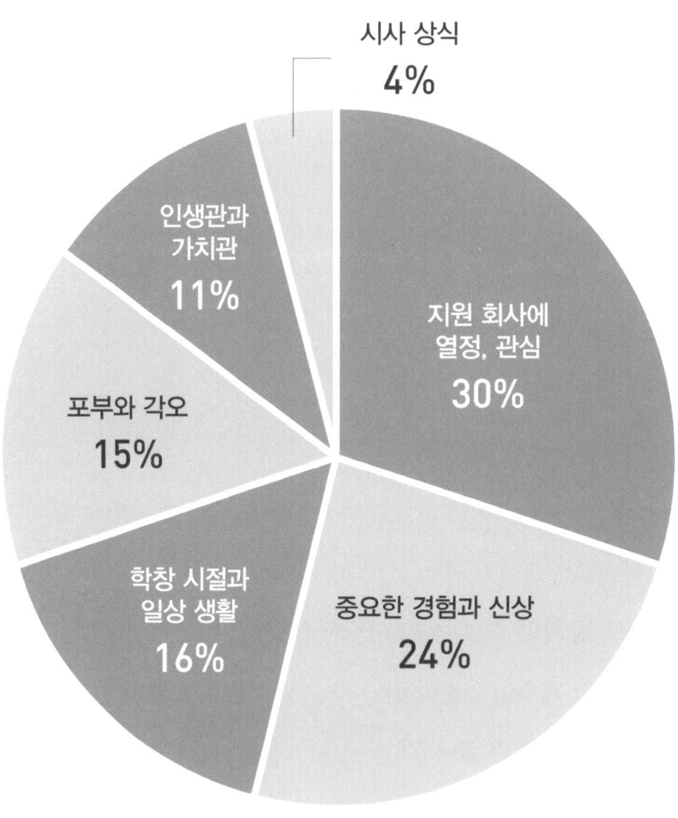

● 면접에서 피해야 할 표현

- 일을 배워보고 싶습니다.
- 별로 … / 그러게요 / 아 … 음 … 그게 …
- 맡겨만 주신다면 무조건 열심히 하겠습니다.

정리와 자기 점검

▶ 다음 질문에 ✔로 표시해 봅시다.

질문	네	아니요
• 나의 강점과 약점에 대해서 잘 알게 되었습니까?		
• 후회하는 삶을 살지 않기 위해 어떻게 해야 하는지 알게 되었습니까?		
• 나의 미래를 위한 계획을 세우고 실천할 수 있습니까?		

▶ 이번 학기에 후회가 되는 것이 무엇입니까?

-(으)ㄹ 걸 그랬다

▶ 이번 학기에 어떤 일을 후회한다면, 그 이유를 말해 보세요.

-(으)ㄴ/는 탓

▶ 나의 강점과 약점을 말해 보세요.

-(으)ㄹ지라도

슬기로운 유학생의 한국어 말하기 – 대학수업 편 –

초판 발행 2021년 3월 12일
초판 2쇄 2022년 10월 31일

저자 이미향, 박수진, 손시진, 이수영
감수자 서희정, 김도연, 김운옥, 황사윤
책임편집 권이준, 양승주, 김아영
펴낸이 엄태상
디자인 진지화
조판 디자인마루
콘텐츠 제작 김선웅
마케팅 이승욱, 왕성석, 노원준, 조성민, 이선민
경영기획 조성근, 최성훈, 정다운, 김다미, 최수진, 오희연
물류 정종진, 윤덕현, 신승진, 구윤주

펴낸곳 한글파크
주소 서울시 종로구 자하문로 300 시사빌딩
주문 및 교재문의 1588-1582
팩스 0502-989-9592
홈페이지 www.sisabooks.com
이메일 book_korean@sisadream.com
등록일자 2000년 8월 17일
등록번호 제300-2014-90호

ISBN 978-89-5518-853-0 (13710)

* 한글파크는 랭기지플러스의 임프린트사이며, 한국어 전문 서적 출판 브랜드입니다.